流量赋能

从0到1精准获客法则

姜 伟 著

·北京·

内 容 简 介

新电商的核心是流量,但泛流量的时代已经成为过去,精准流量才是未来发展的趋势。本书用严密的逻辑、专业的思路,深入细致地阐述了当前互联网行业的流量现状,从流量见顶的实际情况、最新互联网流量地图,到私域流量,再到引流、连接、留存、转化、裂变和精细化运营,为企业家、营销人员、电商从业者获取流量指明了一条实操性很强的路径。

本书涵盖了很多实用的营销法则及相关案例分析,读者可以通过这些典型案例的解析,拓展思路,学习更多新的品牌营销方式。

图书在版编目(CIP)数据

流量赋能:从 0 到 1 精准获客法则 / 姜伟著. —北京:化学工业出版社,2021.7
ISBN 978-7-122-39436-1

Ⅰ. ①流… Ⅱ. ①姜… Ⅲ. ①电子商务－商业经营
Ⅳ. ①F713.365.1

中国版本图书馆 CIP 数据核字(2021)第 125798 号

责任编辑:贾 娜	美术编辑:王晓宇
责任校对:边 涛	装帧设计:水长流文化

出版发行:化学工业出版社(北京市东城区青年湖南街 13 号 邮政编码 100011)
印　　装:大厂聚鑫印刷有限责任公司
710mm×1000mm　1/16　印张 13　字数 146 千字　2021 年 7 月北京第 1 版第 1 次印刷

购书咨询:010-64518888　　　　　　　　　　　售后服务:010-64518899
网　　址:http://www.cip.com.cn
凡购买本书,如有缺损质量问题,本社销售中心负责调换。

定　价:49.80 元　　　　　　　　　　　　　　　版权所有　违者必究

推荐序一

过去10年，光纤通信容量、移动通信速率、超算能力、数据量等的提升以几何倍数在迅速增长。随着5G的大面积应用，信息采集、信息传输和信息存储效率的提升以及信息计算能力的迅猛发展，使得互联网消费越来越趋向于全场景覆盖，相信在不久的将来，获取目标用户提升CR（流动比率）及追求高ROI（投资回报率）将是决定一家企业兴衰成败的关键。那么，如何才能在即将来临的私域流量争夺战中立于不败之地呢？

20多年前，腾讯、阿里巴巴和百度等公司先后成立，它们引领我国互联网行业迅猛发展，很多企业主后悔未能抓住互联网发展的红利，赶上辉煌时期。其实，无论何时，任何商业模型都离不开对用户的争夺。随着基建的完善和带宽加速，与20年前相比，未来10年才是更宏伟的时代。时至今日，人们无须再去讨论传统企业破局是否要连接互联网，而是应更多地讨论如何更好地连接互联网。

越来越多的企业主清晰地认识到流量的获取应该从SEO（搜索引擎优化）、SEM（搜索引擎营销），抑或cpc（按点击数付费）、cps（按销售付费）形式转换为互联网+企业，转换为连接人与服务。人格化运营让流量变得精准且有价值，不再是一堆冰冷的数据。对于企业而言，明白了在互联网发展成熟的时代应该怎样去做，但却不知道具体该如何去做，总不得其法，更多的资源和资金浪费在无效的流量而非"留量"上。

那么如何抓住机遇从新增到留存,从人群画像到承载,从引流到裂变,最终形成强大的私域流量池,从而吸金成功,就是每个企业迫切需要解决的问题。《流量赋能——从0到1精准获客法则》一书的可贵之处在于,它没有眼花缭乱的套路,也没有浮夸的"鸡血"和"鸡汤",作者直面流量盛宴结束的残酷现实,用非常接地气的笔触,写出了关于"流量"和"留量"的实在干货,确实是一本值得一看的好书。期待这本书能解惑以上种种,从而激励更多的读者乘风破浪,在新的互联网时代创造辉煌。

胡扬
民福康创始人、董事兼首席执行官

推荐序二

2013年我创办的"铁血网"遭遇了重大挫折，不断上升的流量成本吞噬了本就微薄的利润，企业从盈利转为巨亏只在弹指间。为了扭转这个局面，我到处寻医问药，幸运的是得到胡扬先生的倾囊相助，并借机结识了搜索引擎优化的资深专家姜伟先生，铁血网面临的困境才开始缓解。

许多年来，各种风口轮番登场，但姜伟先生始终专注于研究并解决企业面临的流量难题。去年几次朋友聚会，过去场场都来的姜伟，却次次未到，问其缘由，答曰正在撰写一本介绍流量经营的书，我听了将信将疑。直到近日，终于有幸拜读成稿，大呼过瘾，颇有相见恨晚之感。

我在2001年创建了铁血网，受益于互联网红利，高速发展了十年有余，每日UV（独立访客）达到200余万，PV（访问量）达到2000余万，直到PC（个人计算机）互联网新用户增长见顶，流量成本不断攀高，经营才陷入困境。好在还赶上了向移动互联网转型的尾巴，铁血军事头条APP做到了近百万日活（日活跃用户数量），铁血系微信公众号做到了近千万粉丝，曾在新榜微信公众号年度总榜排名TOP10。但不幸的是，历史总是惊人的相似，随着移动互联网新增用户见顶，流量成本持续上升，我们不幸又重蹈覆辙。

马不吃夜草不肥。流量的红利必须要吃，但更重要的是，如何让流量红利时期获得的用户沉淀为品牌的忠诚客户，不仅帮助企业跨越流量周期，更能实现阶梯式甚至指数级的稳健增长。

2019年，"铁血军事"进行了战略转型，从过去做军事内容吸引泛流量来销售服装，转变为制作服装导购内容吸引精准粉丝来购买服装，并聚焦短视频，打造出"铁血缝纫机""铁血胖兵"等内容IP。从目前来看，似乎又抓住了短视频的流量红利，在抖音男装带货达人中排名还算靠前。但如何避免再走失败的老路，让我寝食难安。读完《流量赋能——从0到1精准获客法则》一书，可谓正逢其时，该书正是研究解决当前行业面临的主要共性问题，如在移动互联网新增用户见顶、公域流量成本持续增长之际，如何实现流量持续增长。此外，本书从引流到连接，从连接到留存，从转化到裂变都有研究，可谓非常全面。不仅如此，本书还针对不同情况介绍了多种解决方案，可谓实操性很强。

无论你是企业家、创业者，还是具体负责市场、营销、流量的从业人员，本书都值得一读。

蒋磊

"铁血网"创始人

自序

在目前互联网非常成熟的环境下,企业的产品与服务需要通过互联网的纽带连接到需要服务的对象,而这个纽带就是流量。我认为流量是一种思维,由获取流量转化为留住流量的沉淀式思维。我们知道,未来互联网将无处不在,它将承载我们工作、生活中的绝大部分数据,对于企业来说,需要依托互联网来完成客户的开发、产品与服务落地的过程数据可再造,将流量转变成留量是企业管理与经营的一种重要思维方式。从微观层面来说,数字经济的背后是无数流量汇聚而成的商业版图,没有流量,就没有电商,也就没有数字经济的新形态。在互联网时代,谁能吸引更多流量,谁就能在白热化的竞争中占据优势地位,谁就可能成为行业中的领头羊。流量为王是互联网时代的不二法则,也是数字经济的典型特征。

《流量赋能——从0到1精准获客法则》一书用严密的逻辑、专业的思路,深入细致地阐述了当前互联网行业的流量现状,从流量见顶的实际情况、最新互联网流量地图,到私域流量,再到引流、连接、留存、转化、裂变和精细化运营,为电商从业者获取流量指明了一条实操性很强的路径,这也正是本书的核心价值所在。国内也有不少的公司或平台,旨在为企业客户提供一些帮助,助力中小企业的快速发展,如综合性的服务平台"找商网"为中小企业提供品牌、建站、流量、运营、认证全链条的服务,推出商易通、采优宝、易销车、实地商家、代运营等一站式的互联网营销闭环方案，为中小企业提供了低成本且有效的流量获取方式。当然，除了综合性的服务平台，也有专注于精准流量获取的平台，如"全球塑胶网"作为塑胶人自己的专属平台，垂直耕耘塑胶行业12年之久，依靠百度全新AI技术垂直匹配全网询盘信息，精准获取意向买家，从而助力企业线上营销。

在我国，互联网、互联网＋和数字经济的发展是一脉相承的。互联网是新兴技术和先进生产力的代表，互联网＋则是实现生产力快速发展、经济进步的手段和工具，而最终的结果便是数字经济。在"十四五"规划中，科技创新要成为新一轮国际竞争的焦点和经济发展的新引擎，以此来推动上下游企业与科技创新配合的产业升级，实现国家高质量的发展。科技创新驱动建设数字中国，推动数字产业化，数字化将进入我们生产及生活应用场景的方方面面。当下来说，我国数字经济发展将进入全面提速阶段。机会总是留给有准备之人，数字经济大发展的背后，必然会涌现出无数关于"流量"的掘金机会，希望有志于此的人能够抓住机遇，再创商业辉煌。

姜伟

杭州志卓科技股份有限公司董事长

前言

互联网时代，流量即吸金利器

对于中国商业领域而言，这是一个超预期的时代，当中国商业领域遇到全球性的数字浪潮，传统企业进入了"大危机"时代，但是新企业却进入了"寒武纪大爆发"时代。危机和重生，在同一个时空里发生，这是其他任何时代都极少有的现象。

在全球互联网空间里，中国互联网是用户数量最多、流量最充足的区域之一，这也是中国成为数字经济领域的"领头羊"及全球最大的线上消费市场之一的原因。在伟大的时代里，一定会出现成批的世界级企业，而世界级企业的诞生，一定有庞大的用户群体支撑及规模庞大的流量输入。

"流量"一词已经远远不能解释今天的互联网企业，企业的多样性和多层次性已经构成了一片商业森林。从流量到留量，再到用户运营、精准流量，这个发展进程到现在已经越来越明显。

流量是互联网企业盈利能力的诠释，是企业宣传推广能力的释放，是越来越繁荣的数字经济背后的核心和关键。

中国互联网络信息中心发布的第47次《中国互联网络发展状况统计报告》显示：截至2020年12月，中国网民规模达9.89亿。庞大的网民数量形成了中国蓬勃发展的消费市场和巨大流量，使得中国数字经济规模高达31.3万亿元，成功跻身世界前列。

以互联网为依托形成的数字经济，彻底打破了传统商业格局，颠覆了人们的生产、生活方式,标志着一个属于数字经济的新时代的到来。

在31.3万亿元的背后,是无数用户形成的线上流量的汹涌流动,是无数企业在流量竞争中的博弈与拼杀,是流量自身在互联网上转移变化的结果。如果说数字经济是雄赳赳气昂昂的冲锋队,那么流量则是组成这支冲锋队的士兵。谁能在这场商业战争中招收到更多的"士兵",谁的赢面就会更大。

2020年是多灾多难的一年,新型冠状病毒肺炎疫情蔓延,从旅游、酒店,到餐饮、物流,再到教育培训、各生产企业等,绝大多数行业都因疫情原因受到了不同程度的影响。在这种情况下,数字经济成为逆势增长的发展新引擎,后疫情时代,大力发展数字经济已经成为世界各国发出的最强音。这也意味着,未来商业领域中的流量竞争将会变得更加残酷和激烈,这就要求我们必须掌握更多的技能和方法,深刻洞悉当前互联网流量的分布情况,研究用户的行为、习惯、偏好等,做到有备无患,打赢流量竞争这场战争。

传统商业领域的生存模式是渠道为王,谁掌握了更多、更好的渠道,谁就能够在激烈的市场竞争中生存下来并占据优势地位,但席卷而来的互联网彻底改变了这一传统商业逻辑。在互联网时代,流量才是直接关系企业生死存亡的关键,才是吸金的利器。

在互联网电商时代，谁能吸引更多流量，谁就能在白热化的竞争中占据优势地位，谁就可能成为行业中的"领头羊"。

流量即力量，用户即"上帝"，只有掌握了流量，才能有用户，而有了用户，才能有利润和生存发展的空间。流量意味着体量，体量则意味着分量；用户聚焦之处，利润必将随之而至。

网络技术的普遍应用和发展使得无线网络、宽带、云计算、芯片和传感器等新一代基础设施得以产生和普及，很多传统的基础设施也在慢慢被互联网技术渗透和改造，如乘坐公交车可以通过手机二维码付款、无人驾驶汽车、数字化停车系统等。今天，数字化的技术、服务、产品仍然在快速向传统产业的各个领域渗透，各行各业呈现出产业数字化的明显特征。传统企业要想在互联网时代实现重生，就要做好自我革命的准备。

目录

第一章 流量盛宴结束,我们该怎么办?

1. 移动互联网新增用户已见顶 002
2. 越来越高的公域流量成本 004
3. "标题党"获取点击变得越来越困难 007
4. 泛流量的时代正在成为过去式 009
5. 集中到分散:流量的乾坤大挪移 012
6. 精准流量才是未来的发展趋势 015
7. "流量下乡":另辟蹊径的突围 017

第二章 不得不看的互联网流量地图

1. 年轻人才是互联网上的原住民 021
2. 女性社群繁荣下的流量蓝海 024
3. 单身联盟与不断暴涨的宠物流量 027
4. 不断下沉的"拼"流量与励志流量 030
5. 在互联网上,知识本身就是流量 032

6. 社交流量：无比巨大的流量池 035
7. 抖音让流量在线上呈黑洞式爆发 037
8. 不可小看的拼多多式分享流量 040
9. 现象级热点带来的流量盛宴 042
10. 那些小而美的爱好流量圈 045

私域流量：
新一轮流量暴风眼

1. 流量为王时代已经远去 049
2. 留量为王时代已经到来 051
3. 公域流量与私域流量的抉择 053
4. 私域流量是新的暴风眼 055
5. 重构流量空间刻不容缓 057
6. 轻松了解私域流量的来源 060
7. 搭建私域流量池的五大误区 062

引流：一定要吸纳
精准流量

1. 大数据画像：找准你的客户群 066
2. 精准定位，划出自己的引流范围 068

3. 什么样的内容吸引什么样的人群 070
4. 新鲜有趣是吸引年轻人的核心 073
5. 严谨专业背后又是一种流量人群 076
6. 聚焦社群：精准引流可以很简单 078
7. 打造人格化IP，让用户主动来找你 080

连接：搭建为我所用的流量池

1. 从流量思维转变为用户思维 084
2. 搭建适合自己的流量池 086
3. 疏通好流量的沉淀留存之路 088
4. 媒体矩阵：触达更多目标用户 090
5. 多渠道合作，越多连接越多流量 093
6. 多IP推广，让名人为你引流 097
7. 不可忽视线下连接渠道的建立 099

留存：怎样把用户留下来

1. 互联网去中心化让用户黏性不断下降 103
2. 沉淀下来的流量，才有商业价值 105

3. 微信群的"促留"模型 ……………………………………… 108
4. 小程序的用户运营与留存策略 …………………………… 111
5. APP留存：提升留存率的两种方法 ……………………… 114
6. 视频直播如何做好用户留存 ……………………………… 116
7. 用户留存的"新技术""新玩法" ………………………… 119

第七章 转化：流量激活，打破转化瓶颈

1. 算一算你的活跃粉丝与"僵尸粉" ……………………… 123
2. 怎样快速有效地激活"僵尸粉" ………………………… 125
3. 留量大法：带着用户一起玩 ……………………………… 128
4. 流量激活的6个实用技巧 ………………………………… 131
5. 建立信任是提高转化率的关键 …………………………… 134
6. 参与感，有力打破转化瓶颈 ……………………………… 136
7. 生活方式倡导，勾起用户的情绪 ………………………… 139
8. 饥饿营销：提高流量转化率 ……………………………… 142

第八章 裂变：让流量实现指数级增长

1. 裂变思维：拼多多的制胜法宝 …………………………… 146

2. 社交裂变，低成本快速引流 148
3. 口碑裂变，人人都是义务传播点 151
4. 怎样做好裂变活动的策划工作 154
5. 一定要选好裂变的种子用户 157
6. "诱饵"决定整个裂变活动的成败 159
7. 实现裂变营销的必备工具 162
8. 如何避免"羊毛党"的狙击 165

第九章 精细运营，高效复用每一字节流量

1. 用户需求采集驱动产品设计 169
2. 做好用户分类与差异化管理 172
3. 组合式营销，提高用户的客单价 175
4. 有效提高用户复购率的小技巧 177
5. 用户行为分析：挖掘潜在需求 180
6. 贴心售后，延长用户的生命周期 182
7. 让老用户主动帮助拉新 185
8. 亡羊补牢，做好用户流失分析 188
9. 有个性，才会有未来 190

第一章

流量盛宴结束,我们该怎么办?

1. 移动互联网新增用户已见顶

10年前，中国网民数量仅4亿人左右，电商平台随意举办些活动，就能吸引到新用户、新顾客，轻松获取流量带来的红利，说是躺赢也不为过。如今，互联网红利见顶已经成为人们的普遍共识。中国互联网络信息中心发布的第47次《中国互联网络发展状况统计报告》显示：截至2020年12月，中国网民规模达9.89亿，已经几乎不存在"新用户、新客户"了。

实际上，从2018年5月开始，中国移动互联网的独立设备数的增速就持续走低，截至2020年6月，移动互联网的独立设备数为14.26亿台，从这个数据也不难看出，中国全体国民已经实现了平均人手一台移动上网设备，去掉不宜单独使用移动上网设备的幼儿、低龄儿童等群体后，这一数据意味着部分人群实际上拥有不止一台移动上网设备。

移动互联网的新增用户见顶，已经是不争的事实。对此，可能有人会说，新增用户见顶和流量见顶并不是一码事，用户上网时间的增加也可以带来流量的爆炸式增长，那么实际情况真的是这样吗？

2020年新型冠状病毒肺炎疫情完全打乱了整个社会的正常运行节奏，大量的上班族无法正常上班，被迫待在家中；绝大多数学生不能正常开学，改为在家中通过上网课来继续学业。在相当长的一段时间内，为了降低出门接触人群被感染的风险，人们普遍减少了出门、户外活动的时间，主动选择待在家中。那么，待在家中的人们在做什么呢？在有限的活动空间内，除了"苦练"厨艺外，从中青年人到老人，从孩子到学生，都大大增加了上网时间。尽管人们上网的目的不同，比如学生上网大多是为了上网课，上班族上网多半是在线上办公，老年人上网多是为了娱乐打发时间等，但可以毫不夸张地说，全民的上网时间都增加了。

据相关数据统计，2020年2月移动互联网的单机单日使用时长以4.56小时达到上半年峰值。2020年6月疫情已然放缓，但单机单日时长仍保持在4.24小时，较2018年6月拉长了1.17小时。2020年7月移动互联网人均单日使用时长达到7.17小时，创历史新高。正是广大用户上网时间的延长，造就了直播行业的火爆。

从网民的结构来看，24岁以下用户群体和41岁以上用户群体是移动互联网流量中的核心力量。24岁到41岁的人群，正是职场上的中坚力量，需要在工作上花费大量时间，此外这一阶段的人群还面临恋爱、结婚、生子、养育孩子、照顾老人等重大事情，相对来说没有更多的空余时间上网。统计发现，年轻网民更偏好娱乐类应用，视频类、音频类、社交类应用的TGI（Target Group Index）指数明显高于网民平均水平；41岁以上用户群体更偏爱资讯类应用。网民结构、不同年龄段网民的上网偏好，正在重构移动互联网的流量地图。

如今，随着新型冠状病毒肺炎疫苗的广泛接种，可以预见的是，疫情给整个社会带来的影响正在慢慢淡化，未来大概率不会再出现像2020年上半年的流量盛宴。

一方面，移动互联网新增用户见顶，且随着我国人口老龄化程度的不断加深，未来人口总量呈现下滑趋势，也就是说，网民总量不仅难以再有大幅度增长，反而会迎来一个非常漫长的衰退期；另一方面，人们上网时间基本已经稳定在一个比较固定时长的范围内，且随着平台、APP等数量的增多，抢夺流量竞争的加剧，使得用户在单个应用上花费的时间将会呈现出下降趋势。

就整个大环境来说，互联网、移动互联网的新增用户都已经见顶，但竞争却在不断加剧，进入市场的企业还在不断增加，流量获取成本水涨船高，并且逐渐超过线下实体店的获客成本，新零售就是一个最好的例子。

2. 越来越高的公域流量成本

"流量"，是用户数据可以量化的时代凸显出来的一个词语，我们可以将其简单地理解为商业街头的人流。一个实体商店，生意好不好，主要取决于有多少顾客走进这家商店，而走进这家商店的人数又与商店位置以及商店门前经过的人流有关。所谓大河有水小河不干，经过的人流多，必然进入商店的人数也会随之增多。其实网店也是一样的道理，生意的好坏取决于进店点击浏览商品的人数，而点击商品的人数又与流量有关，因此流量成为互联网商业时代的关键。争取尽可能多的流量，成了各大商家的竞争场。

第一章

流量盛宴结束，我们该怎么办？

"最早入驻淘宝的那批人，都赚得盆满钵满""现在淘宝店、京东店都不好做了，开直通车动不动一天几万块，结果销售量都没这么多，更不用说利润了，可不做吧，又卖不了什么货""不少电商纷纷转战拼多多开店了"……相信大家对于诸如此类的言论都不陌生，实际上这些现象的背后，与越来越高的公域流量成本息息相关。

公域流量，本质上是一种平台流量，它不属于单一个体，也不属于任何一个个体店铺，而是被集体所共有的流量。简单来说，商家通过京东、淘宝、拼多多、大众点评、美团、携程、饿了么这些平台所获取的流量，都属于公域流量。

获取公域流量的方式很简单，首先商家要入驻平台，然后通过搜索优化、参加促销活动、花推广费等方式来获得，从而实现引流获客，最终达成销售成交的目的。只要商家熟练掌握平台规则，就可以通过付费的方式来获取平台的公域流量。

一般来说，常见的公域流量主要有五大板块。

一是电商平台。比如我们非常熟悉的京东、淘宝、拼多多、天猫、网易考拉等都属于这一类。通常平台会通过投放海量广告、制造热点事件、培育购物节、打造明星阵容、举办大促活动等多种方式来引流，从而保证平台上的公域流量充足，进而吸引到更多商家入驻，并参加活动花钱推广。

二是内容聚合型平台。比如腾讯新闻、今日头条等就属于这一类。大众有了解时事、新闻的广泛需求，这些平台上的内容可以聚集一大批对内容感兴趣的用户，流量自然而然就来了。通常这类平台通过组建内容团队、吸纳内容创作者、鼓励用户转变为创造者、邀请有影响力的作者等方式来实现整个平台的引流。

三是社区平台。比如我们非常熟悉的百度贴吧、知乎、简书等都属于这一类。人人都有社交需求，不仅现实社会中如此，网络上也是如此，社区平台为人们提供信息+社交服务，从而聚集了不少网民，形成了一个独特且稳定的公域流量平台。

四是视频内容型平台。如腾讯视频、爱奇艺、抖音、快手等。目前这类平台主要有两大类，一类是像腾讯视频、爱奇艺等以电视剧、电影、综艺节目、纪录片等视频内容为主的平台；另一类是像抖音、快手等以短视频内容为主的平台。看剧、刷短视频等是大众最为喜欢的娱乐方式之一，因此这类平台聚集大量用户，形成公域流量平台也就不足为奇了。

五是搜索平台。如百度搜索、谷歌搜索、360搜索等都属于此类。搜索引擎是人们通过互联网获取信息的一个关键入口，也是成熟较早的公域流量平台。商家可以通过购买关键词竞价排名等方式获取搜索平台的公域流量。

公域流量平台有其自身的发展规律，在平台初期流量成本较低，有一些平台流量红利，因此早期入驻的商家往往更容易赚到钱。随着平台发展越来越成熟，其流量成本也会越来越高，最终平台会变成一个收取"过路费"的通道。这也是为什么拼多多崛起之后，一大批商家纷纷入驻拼多多的一个重要原因。

经过多年的发展，今天的公域流量平台都早已过了红利期，其流量成本也已经越来越高。从大环境看，由于互联网新增用户见顶，公域流量平台本身获取流量的成本也不断攀升，这加剧了公域流量成本的增长。

第一章 流量盛宴结束，我们该怎么办？

在互联网和移动互联网流量见顶的时代，公域流量成本正在变得越来越高，且成交转化率持续走低，传统的搜索引擎排名、付费推广等方式好像失灵了，有好产品，却难以获取客户；网上开了店，也发了不少优惠券，可店铺浏览量却惨不忍睹。在这样的情况下，寻求流量、获取渠道的突围已经成为一个躲不开、绕不过的难点。

3. "标题党"获取点击变得越来越困难

随着互联网的快速发展，"流量"成为一个热门词语，为了获取流量，人们八仙过海、各显神通，涌现出了一大批有效的引流方法，其中"标题党"就是突出的一种。

"标题党"是一个新兴的网络术语，是指那些通过鲜明的标题来吸引读者的人或团体。"标题党"的目的很明确，就是为了增加点击率和阅读量，他们不想办法把内容做好，而是专门把心思花在标题上，通过对标题的花式包装来获取点击量。

还有不少精于此道的人总结出了所谓拟定高点击率"标题"的基本方法。比如"又出事了，×××电动汽车开着开着竟然起火了"的震惊式标题，但真正点击进去，发现内容模棱两可，可能连基本事实都没写清楚，更离谱的还有点击进去没什么内容或内容和标题压根没什么关系。又如"印度12亿人36年获1枚金牌，举国无所谓"的数字式标题。不少"标题党"只追求点击率，实际上数据是否准确、数据来源是否可靠等几乎不在其考虑范围之内，这样很容易导致"三人成虎"，越传播越失真的情况。此外，还有一类道德绑架式的标题，比如"不转不是中国人""好心人都会转""转发有好运"等，早期甚至出现过恐吓+道德绑架式的"标题党"。

任何一个行业的发展，都会经历一段"野蛮"成长时期。"标题党"的诞生，实际上与互联网的发展是分不开的，彼时流量贵如油，新兴行业还未形成既定的规则，为了获取流量，出现采用或惊悚、或蹭热度、或冲突、或违背常理等标题的短视行为也是一种必然。

"标题党"之所以得以流行起来，很重要的一个原因是尽管它很LOW（低级），但却非常有效。早期，互联网上的信息还处于一个相对匮乏的阶段，大众在上网浏览信息时，没有今天这么大的选择权，在那样的大环境下，看到有意思、吸引人眼球的标题，自然而然就会去点击。但今天，"标题党"获取点击率已经变得越来越困难。

今天的互联网是一个信息极大丰富的虚拟世界。在互联网上，人们拥有了充分的内容自主选择权，伴随着互联网优质信息呈几何倍数增长，"标题党"越来越没有市场，毕竟连优质内容都在发愁为什么没有点击率，就更不用说除了标题都很没价值的内容了。

今天的互联网已经进入打造内容IP的新阶段，不光内容要优质，还要具备可持续性输出优质内容的能力。在海量的信息面前，大众的注意力变得越来越分散，某一内容只要一段时间没有热度，很快就会被遗忘。

以直播界的内容创作者嘟嘟姐为例，她走红得非常快，但红得快，凉得也快。嘟嘟姐仅凭一首《嘴巴嘟嘟》的歌曲，迅速在快手上红了起来。嘟嘟姐的长相与歌曲歌词的完美匹配度，吸引了海量的粉丝，不少人都使用这首歌作为拍摄视频的背景音乐，嘟嘟姐也因此而红极一时。但紧接着，网络上出现了无数幻想一夜成名的模仿者，于是嘟嘟姐很快便被淹没和遗忘。

在互联网商业发展初期，获取流量非常容易，成本也很低，毕竟有海量的待开发人群，但到了今天，移动互联网终端的数量和网民数量已经趋于饱和，流量见顶，开始进入存量时代，已经成为社会共识。今天，只有持续生产优质内容的人或机构才有未来，仅靠噱头、标题、猎奇等是很难保持持续关注度的，这也从侧面验证了流量盛宴的结束。

4. 泛流量的时代正在成为过去式

流量与传播是紧密捆绑在一起的，传播方式、传播效率的发展直接影响着流量的获取和结构。因此，我们要想深刻理解流量，就一定要对传播渠道、传播方式的变革有一个整体的、客观的科学认识。

在远古时代，人的活动地域很小，信息传播主要依赖于人与人的直接沟通，传播媒介效能低下，所传播的信息影响力也非常有限，最多只可以影响到本部落和邻近部落的人；到了封建社会，马车、驿站等使得人的活动地域得以扩大，传播除了依赖于人与人的直接沟通外，还可以通过书信等方式，传播媒介效能得以提高，所传播的信息影响力有效扩大，但还是非常有限；到了电气时代，广播、电视等的出现，让传播效能得到了大幅提高，所传播信息的影响力再次扩大，国家元首等领袖可以通过广播、电视等迅速将消息传递给大众，企业可以通过广播、电视等播放广告来迅速扩大品牌知名度，但这种传播是单向的，缺乏反馈机制，因此传播效能被限制在一定范围内。

在今天的互联网时代，随着技术媒体的不断涌现，传播效能得以充分释放，人们可以随时随地与任何人沟通，且能快速实现即时双方沟通，信息的传播路径直接升级成了快车道，信息的传播速度比以往任何一个时期都要快得多。得益于媒体效能的提高，所传播信息的影响力被无限放大，一个企业品牌不仅可以对本城、本地区、本国的公众产生影响，甚至还可以在整个世界掀起属于自己的品牌风潮。

可以说，互联网改变的不仅仅是大众的购物方式，还彻底改变了信息的传播方式。在传统商业中，商品信息的传播是单向的，比如企业在电视上投放商品广告，这种单向的宣传模式，受众广，效果难以精准评估，比较粗放；在互联网电商领域，商品信息的传播呈现出鲜明的互动性，比如现在的各类购物直播，主播与消费者随时可以线上互动交流，传播目标更清晰，受众更精准，宣传效果也更好。

从"传播"到"播传"的转变，是单向传播模式的结束，互动传播模式的开始。未来的互联网信息传播不是一对多的模式主导的时代，而是多对多模式主导的时代。

泛流量，简单来说就是通过大量展示、广泛传播获得的流量。实际上，早期的企业通过在电视台黄金时间打广告获取的用户就属于泛流量。看到广告的人有100个，但这100个人不可能全部成为产品的消费者，可能只有20个人最终购买了商品，而其他80个人的广告宣传费则没有直接产生作用。投入与产出存在较大差距，大量展示和广泛传播所花费的成本，其中有相当一部分是无效的，这是获取泛流量必须要承担的。

在媒体权利被互联网充分解构的今天，泛流量的时代正在成为过去式。过去，企业可以通过大量砸广告来达成不错的销售成绩，但同样的方法放到今天则变得非常困难，一方面，媒体权利的分散，让大量砸广告的成本变得越来越高，哪怕是非常有实力的企业，也难以负担在全部有影响力的媒体上都投放广告的费用；另一方面，泛流量的成交转化率持续走低，即便是非常有影响力的明星，直播带货中观看人数倒是不少，但交出的销量成绩单却惨不忍睹也早已不是什么稀奇事。

在泛流量时代，网络推广引流是一种非常简单的方式，限制少，方式单一，只靠着自动化宣传推广脚本工具，就能达到非常不错的效果。近些年来，随着移动互联网的快速发展，网络推广引流也在发生改变，首先是客户端从过去的PC端转移到了今天的手机端；其次是流量渠道在发生改变，从过去的单一搜索引擎流量模式发展到了今天自媒体、APP等争相分流的多流量渠道模式；最后是流量形态也在发生改变，从针对大众的广撒网式的泛流量到通过社群运营获取精准流量。泛流量的时代正在成为过去式，精准流量才是未来的发展趋势。

5. 集中到分散：流量的乾坤大挪移

互联网的快速蓬勃发展，推动着互联网商业模式不断升级演化，与此同时，互联网上的流量也随着用户的流动和转移经历了一场史无前例的大洗牌。在传统商业领域，消费者的转移是非常缓慢的，且受到一定的地域限制，一般是从A商圈到B商圈的流动，但互联网彻底改变了这一切。在没有地域和空间限制的互联网上，任何一个消费者都可以随意流动，且流动的轨迹变得更加复杂和多样化。在互联网带来的数字化浪潮下，一切的变化都变得更加猛烈，速度加快，烈度加深加大，变化呈现得更清晰、更立体。在这个世纪舞台上，流量尽情展现了其从集中到分散的客观发展规律。

不管是对于传统企业还是传统电商，规模都至关重要，规模大了，成本就能变得更小，从而可以获得更丰厚的利润。从商家角度来讲，当然是流量越集中越好，但互联网具有"去中心化"的典型特征，集中的大规模

第一章 流量盛宴结束，我们该怎么办？

流量被互联网解构成一个个小规模流量，又进一步细化为以个体为中心的流量。

过去，流量聚集在大平台上；今天，一人一媒体、一人一个流量聚集体的模式正在彻底改变着商业生态。

以淘宝第一主播薇娅为例，她创造了一系列直播带货奇迹：

单场（2小时）最高引导销售额2.67亿元；

单件商品最高引导销量65万件；

单件商品最高引导销售额2700万元；

2018年引导销售总额27亿元；

……

作为"淘宝一姐"，薇娅的收入是惊人的，据说，她一场直播所获得的收入相当于"一夜赚了杭州一套房"。2018年，淘宝发布达人收入排行榜"淘布斯"，32岁的薇娅以年收入3000万元位居榜首。薇娅把一人一媒体的力量推向了极致，并不断刷新着大众的认知。

对于主播的带货能力，你可能会质疑；对于为什么人们会看直播购物，你可能不理解……但这确确实实是正在真实发生的事情。

薇娅在直播界如此成功，那么她从零至今，花了多少时间呢？

2016年5月，薇娅接到了"淘宝小二"的电话，问她是否愿意加入淘宝直播，选择决定命运，她成为第一批转为淘宝主播的淘女郎，搭上了直播电商这趟快车。

端午节上粽子，中秋节上月饼，年货节上年货。薇娅的直播间变成了百货间，第一个零食节，第一个美丽节，第一个生活节，在淘宝造出的电商直播风口之外，薇娅成功自创了属于自己的"小风口"。

到了2017年10月，薇娅直接颠覆了淘宝直播、电商带货在大众脑中的固有印象。为了能有更好的业绩，薇娅在皮草开播前，去海宁找商家定制了性价比高的皮草，7000万元的皮草销售额使薇娅成了媒体焦点。在接受媒体采访时，薇娅表示："这比消费者印象中经过多重加价的皮草价格便宜很多，才有了惊人的业绩。"

到了2018年，薇娅凭借皮草一战，成为淘宝最具商业价值的女主播。薇娅直播间迎来了更多的合作伙伴——宝洁、欧莱雅、飞利浦、肯德基……，各行各业，不同类别，从服装到全品类，薇娅凭借直播成功构建起一个庞大的商业帝国。

一人一媒体，一人一个流量聚集体，在直播行业正创造着不断刷新纪录的奇迹，以薇娅为代表的一批人，把个人引流力量发挥到了极致，成为互联网时代的"现象级"事件。对此，淘宝总裁蒋凡曾在公开演讲中明确指出："以淘宝直播上的红人薇娅为例，能实现一场直播百万人观看，上亿成交额的成绩，已经不是点缀，而是未来商业模式的主流。"

不论我们是否愿意接受，流量都在朝着不断分散的趋势发展，越多选择，越多自由，大众被互联网切割成了无数个小众，小众又被细化为一个个不同的个体。对于想要引流的商家来说，必须快速适应这种变化，并找出行之有效的应对之法，否则只能在流量的乾坤大挪移中被用户抛弃，被消费者遗忘。

6. 精准流量才是未来的发展趋势

泛流量的时代正在成为过去式，精准流量才是未来的发展趋势。互联网的"去中心化"特征正在给世界带来新的改变。

一是传统权威的影响力被大大削弱。 去中心化在一定程度上有反权威的味道，媒体"霸主"——电视影响力的式微就是一个非常典型的例子。

二是去中心化让社会变得更多元。 专业数字媒体聚集的是专业人士，非专业媒体聚集的是非专业人士，诸如"XX这么吃会致癌"等养生伪知识却在中老年人群中广为传播，就是社会多元化的一种表现。

三是去中心化导致并形成了多中心化的人群聚集。 去中心化本身就是人们在不同的场景中重新聚集的过程。在社会中，精英永远是少数，大众在之前是围绕精英转的，但是互联网解构了这一切，让精英的归精英、大众的归大众。大众分享大众的价值观和生活观，精英分享精英的价值观和生活观。正是这种群分，让流量变得更加精准。人群在网络上的多中心化聚集，可以有效提高引流的精准度，什么群体需要什么商品，适合销售什么产品等都是可以进行量化分析的，这有助于提高企业的引流效率。

注意力经济时代已经过去，社群经济时代已经到来。对于今天的流量竞争来说，单纯追求粉丝数量的引流原则早已经发生了质的改变，追求精准流量，下沉到社群进行更加精准的引流才是未来的发展趋势。

在一些商品的消费中，女性社群把握着某些关键的入口。在中国的社区营销中，67%的社区群用户都是女性，她们在这些群里进行相互联系。这些女性大都是宝妈，对于周边的商业运营具备很大的影响力，甚至在口碑传播中能够决定一家社区店的生死。因此在深度开发精准流量的过程中，一定要重视女性群体，她们是最具消费能力的群体。

未来是属于精准流量的时代，正如尚流她生活创始人柴娅所说："大部分创业企业的数据量是非常小的，但这种非常小的数据如果深度挖掘，同样可以产生巨大的能量。"深度挖掘的数据比泛泛的大数据更重要，这是每一个互联网企业和引流人员都需要重点铭记的商业法则。

当前中国新一代的消费主力军——"80后""90后"的消费能力是上一代人的两倍，他们更敢花钱，更爱花钱，在消费偏好中崇尚个性，追求品质，关注新鲜和刺激性事物，在网络社交兴起的大背景下，他们是真正的世界领导者，也是精准流量中最具商业价值的群体。

按照世界银行2019年的标准，人均GDP低于1036美元为低收入国家，1036～4045美元为中低等收入国家，4046～12535美元为中高等收入国家，高于12535美元为高收入国家。根据国际经验，一旦人均GDP超过5000美元，居民消费就会进入升级快车道；人均GDP超过1万美元后，会带来市场形态的巨大变化，尤其是带来消费市场和服务业的蓬勃发展。

国家统计局数据显示：2019年中国全年国内生产总值990865亿元，稳居全球第二；人均GDP首破1万美元大关，意味着我国的整体经济发展水平达到了中等发达国家的水平。当前我国正处于中高端消费的快速提升期，我国即将成为全球最大的消费市场，这意味着哪怕是非常小众的用户群背后，也潜藏着巨大的商业金矿。

近年来，COSPLAY服装道具、汉服、乌龟衣服、古典首饰等小众产品的火爆，实际上已经充分验证了"精准流量"的力量。不怕用户群体小众，即便是小众群体，只要深度开发挖掘，也能成为一个大市场，创造出令人惊叹的商业奇迹。

7. "流量下乡"：另辟蹊径的突围

近年来，随着互联网、移动互联网流量见顶，各大平台的流量价格上涨非常明显。以我们非常熟悉的"今日头条"为例，2013年"今日头条"每个点击付费为0.8元，到了2016年就上涨到了2元。如今，互联网上低成本的流量越来越少，引流变得越来越困难，成本也变得越来越高。

线上流量竞争越发激烈，在这样的大背景下，一部分企业开启了一条另辟蹊径的突围之路——流量下乡。

长期以来，农村人口收入低，消费能力弱；与城市相比，农村人口居住分散。这种种原因导致了一个基本现象：绝大多数企业都非常重视城市市场的深耕，而将广大的农村地区和农村人口忽略在外。近年来，一方面，随着国家对农村政策的倾斜，绝大多数农村地区都已经实现了网络全覆盖，即便是比较偏僻的农村，也可以通过智能手机上网，这就具备了

"流量下乡"的基础条件。另一方面，农民收入有所改善，消费能力随之增强，生活条件与城市居民已经没有太大差距，这使得广大农村地区、广大农民群体成为一片待深度开发的流量蓝海。

"流量下乡"有以下两大突出特征。

一是集中在线下进行宣传。 与城市居民相比，不少农村地区的人还尚未完全形成线上消费的主流购物习惯，相当一部分人还是通过前往村中心、镇中心的商圈购买商品，在这样的情况下，开展线上活动引流显然不是一个好办法。此外，农村已经逐步进入老龄化社会，年轻人外出到城市工作成为常态，常驻居民多为老年人，他们在接触互联网新事物方面更为缓慢，更偏好用传统的方式生活消费，这也决定了"流量下乡"必须要走线下宣传的路径。

二是主要通过刷墙广告的方式展开。 一直以来，刷墙是农村地区宣传的重要方式，从"优生优育""森林防火"之类的国家政策宣传，到"猪饲料""化肥"等农资产品的宣传，都会采用这种方式。尽管刷墙是一种看似非常低端、原始的宣传方式，但事实证明，这种方式在地广人稀的广大农村地区，其宣传效果非常直接且有效。如今，在不少乡镇的路边墙上都能看到互联网企业的广告。"生活要想好，赶紧上淘宝""花椒直播玩法多，妇女主任变主播"诸如此类的广告词，已经成为广大农村地区的一景。

如今，在"快递进村"工程的大力推动下，广大农村地区的人们网购也变得方便起来，每个村庄都有快递代收点，一些地区已经解决了农村快递服务"最后一公里"的问题，网上购物同样可以像城市居民一样享受送货到家的服务，这为互联网企业深耕农村市场提供了极大的便利。

线上流量已经被少数大平台抢占，采用流量下乡的方式另辟蹊径突围，不失为一个不错的出路和方法。伴随着越来越多的互联网企业下沉到四五线城市、小城镇、乡镇等，最后一片流量蓝海在不远的将来也会被开发殆尽。先人一步，往往能领先一大步，对于饱受流量成本之困的企业来说，需要尽早布局流量下乡，因为市场是有限的，谁早进入，谁就能占据更多优势。高高在上，等着用户来的宣传路子越来越走不通了，除非你是专门主打奢侈品、高端产品的品牌，否则就还是要下沉，再下沉，下沉到每一个用户的身边去。只有这样，才能在流量盛宴结束之后依然能够拥有自己的一席之地。

第二章

不得不看的互联网流量地图

1. 年轻人才是互联网上的原住民

从消费者的生命周期来看,一个人最具消费能力的阶段主要集中在青年和中年时期。

婴幼儿、少年时期主要依赖家庭生存,没有独立的经济收入,即便有旺盛的消费需求,也常常不能转化为市场消费的实际动力,因为人在进入社会之前,主要是校园生活,消费水平较低,消费内容多是围绕着基本生活、基本学习展开。

进入社会后,伴随着经济上的独立,年轻人"追逐潮流""充满好奇心""爱面子""攀比"等特征,促使他们成为消费市场上的主力军。这一年龄段的年轻人,面临着买车、买房、恋爱、结婚等人生的重大事情,且工作处于上升阶段,对未来的收入情况充满信心,这无疑将会产生非常大的消费动力。

尽管中年人也是消费市场的消费大户,但与年轻人不同的是,他们的消费主要呈现出务实的特征,因为绝大多数中年人上有老、下有小,随着年龄的增长,未来经济收入的预期下降,且身体健康不如以往,精力、体力等下降,这促使他们在消费上更偏于保守,他们更愿意为那些物有所值的商品付费,而不会被五花八门的营销迷惑而冲动消费。

老年人的消费水平较低,主要集中在医疗、养生等健康行业。这一年龄阶段,人的物欲会降到低水平,关注自己的身体健康胜过各类五花八门的商品。

总的来说，不管是在过去还是将来，也不管是传统商业领域还是互联网电商领域，年轻人始终是消费市场的主力军。北京师范大学新闻传播学院发布的《新青年新消费观察研究报告》指出：19~35岁的移动互联网用户达6.5亿，青年群体已成为中国互联网消费的主力军。今天的年轻人，在网购时很容易受社交、短视频、直播等的影响，喜欢尝鲜，乐于跟好友分享商品，并通过拼团等方式以更低价格达成交易。

数字时代的年轻人在消费行为、习惯、模式上有非常鲜明的新特点，我们可以通过京东大数据研究院发布的2020年青年消费数据来了解今天年轻人的消费趋势和特征。

（1）**娱乐消费很突出**。从消费数据来看，逐渐成为消费市场主力的"95后"明显是"更会玩"的一代。即便是在2020年疫情反复的情况下，传统宠物猫、狗相应的宠物消费市场影响力虽不大，但异宠市场（禽、龟类，微型哺乳动物、昆虫等）却表现突出，年轻群体异宠消费的增长率高于全站平均水平10个百分点；而与"80后"相比，"95后"在花卉绿植方面的消费也更加旺盛，同比增长35%。

身为互联网上的原住民，今天的"95后"怎么能少了电子数码产品。数据显示，年轻人最愿意在电子产品和游戏产品上消费。"95后"的游戏消费增长在2020年1~4月同比增长270%，可以说呈现出大爆发的发展趋势。此外，游戏设备消费增长40%，电脑消费增长35%，手机消费增长近30%。

（2）**悦己型消费持续增长**。今天的年轻人生活在一个物质十分丰富的年代，他们从小到大没有缺衣少食的体验，体现在消费行为上，购买一件商品除了其功能外，更多的是"我买我喜欢""我买我高兴"，与上一代人的"使用型"消费观念不同，当代年轻人的消费呈现出明显的"悦己型"特征。"猫爪杯""喜茶""脏脏包"等一系列商品的全网爆火，就是最好的佐证。

"悦己型"消费的门类多种多样，健身、护肤、美容、整容、服饰，目的地各不相同的旅游，五花八门的爱好，各大品牌奢侈品等都属于"悦己型"消费。

（3）成长型消费稳步提高。京东2020年1～4月年轻人购书消费额同比增长高于全站平均水平42%（TGI），其中"95后"（25岁及以下）的增长则高出全站平均水平49%。26～35岁的人群图书消费客单价同比增长最快，说明这一群体求知需求更加旺盛，且女性用户的占比相较全站均值高出27%，年轻女性越来越多地注重通过读书充电或兴趣阅读的方式提升自我修养。年轻人是最为积极向上、锐意进取的群体，体现在消费结构上，如图书、工作技能、继续教育等成长型消费呈稳步提高趋势。

年轻人是消费的主力军，了解他们的消费偏好、消费习惯、消费行为等，对于数字时代的营销具有非常重大的实际意义。

近年来，互联网服务经济的兴起，推动了服务营销时代的到来。今天的用户，其需求已不单单是针对某个产品本身，因为能提供类似商品的企业多如牛毛，他们更在意自己的个性化需求、良好体验需求、分享需求等是否得到了满足。正如凯文·凯利所说："一切产品都会变成服务，变成一种流。"在服务经济时代，一切营销都是为了给用户更好的服务，一切营销的最高阶段就是满足用户潜在需求的服务，脱离了服务的数字营销注定是低效和失败的。

2. 女性社群繁荣下的流量蓝海

"内容社群"的概念，可能不少人会比较陌生，实际上我们很多日常使用的APP、小程序、应用软件、平台等都属于"内容社群"，比如新氧APP、大姨妈、宝宝树、她社区、女王日课、闺蜜社、if时尚等。

如今的内容社群早已经成为互联网流量的聚集地，尤其是繁荣的广大女性社群已经成为互联网流量地图上的"蓝海"，这与"她消费时代"的到来有着密不可分的联系。

今天的女性正在主导着越来越多的消费市场，"她消费时代"已经悄然无声地到来。

在家居消费领域，国家统计局发布的数据显示：2019年女性消费市场规模达到4.5万亿元，这个体量几乎与整个家居市场的体量相当。以众所周知的红星美凯龙为例，女性会员占比70%，且正在以每年两位数的增速上升。在家居产品的购买上，女性拥有绝对决策权，女性独立决策的占69%，共同决策的占20%，男性独立决策的仅占到一成左右。

在旅游消费领域，同程旅行发布的《中国女性旅行消费报告2021》显示：71%的全家出游决策会由妻子决定；驴妈妈旅游网2019年的数据同样侧面印证了这一点，下单用户中，女性用户占比61.3%。这充分说明，女性已经成为旅游市场的"主角"，中国家庭超7成的旅游消费决策都是由女性做出的。

在咖啡消费领域，女性的存在感越来越强。全国的咖啡厅数量从2016年的8.6万家增长到2020年底的10.8万家。中国相关行业智库调查显示：咖啡厅的消费人群主要集中在35岁以下年龄段的人群，其中7成是女性。以新兴咖啡品牌瑞幸咖啡为例，92.2%的用户都是二三十岁的年轻人，其中女性占到54%。

在服饰、母婴、化妆品领域，女性更是当之无愧的"消费女王"。阿里巴巴统计显示：阿里系在线电商销售额中70%由女性贡献，服饰、母婴、化妆品、家居用品是女性消费者最爱购买的商品，其中服饰占89%，母婴产品占87%，化妆品占83%，家居用品占78%。

在食品、日用品领域，女性同样是主流的"决策者"，三四线城市家庭中"女性负责采购家庭一半或一半以上的食品和日用品"的比例达到90%。

此外，在健康市场、宠物市场、汽车市场、房产市场、智能手机、各类电子商品市场，女性也占据着优势地位，成为消费中的"实力军团"。

"她经济"时代下的女性消费主要有以下四大特点。

一是美丽消费占主导。 除了众所周知的服装、化妆品、健身减肥、美容整形等，今天的女性越来越注重"心灵美"，图书、电影、咖啡、旅游、演出、文创、艺术品等受到女性的青睐，比如云南普者黑景区在《三生三世十里桃花》热播后，迅速成为女性游客游览的热门景点。此外，女性不仅自己爱美，还非常注重恋人或丈夫、孩子等的形象，女性的审美直接引导着社会消费的大潮。

二是非理性消费突出。在购物时，女性更容易受到环境和情感的影响，非理性消费情况普遍，比如原本什么都没打算买，但听到商家有优惠，就立即买了不少东西。可见，商家要想服务好女性群体，就一定要善打"感情牌"。

三是实用至上。不管经济情况好坏，女性都非常看重商品的实用性、品质和功能等，她们更喜欢经济实惠、经久耐用的商品。此外，中国女性除了工作，还要承担家务，为了能有更多时间用于休息、娱乐，会更偏爱省时省力的商品，如扫地机器人、便利的主副食品等。

四是青睐名牌。在女性眼里，名牌=品质+品味+经典。相关统计数据显示：95.8%的女性更青睐于购买名牌产品；62.1%的女性消费者认为，名牌"价格虽贵，但品质有保证"；50.4%的女性认为"名牌制作精良、使用持久"。当前，火爆的奢侈品市场足以说明广大女性消费者对名牌的喜爱程度。

在中国消费市场，75%的钱是从女性消费者的手里花出去的。"她消费"时代，女性才是拉动产业发展的核心动力，她们所创造的巨大需求才是未来商业的"指南针"，深入了解研究女性消费群体，对几乎所有商业领域和所有企业都具有战略性的重大意义。

女性的强大消费能力，使得女性社群的商业价值远远大于男性社群，可以毫不夸张地说，谁掌握了女性社群的流量，谁就可以在电商领域拥有自己的一席之地。

以"宝宝树"为例，这个社群聚集的都是备孕女性、孕期女性、新手妈妈。社区除了给广大女性用户提供一个相互交流经验、感受和情感的平台外，还为广大女性用户提供了"一站式"育儿服务，从备孕知识、看B超单到孕期知识，再到宝宝疫苗表、辅食大全等全覆盖，打造出了一个"一站式"母婴类流量新据点。在"宝宝树"平台上，女性用户不仅可以获取孕育知识、交流交友，还可以记录宝宝的成长，浏览奶粉、尿不湿、玩具等各种母婴用品的宣传内容，并最终完成下单消费。

在流量越来越贵的用户存量时代，内容社群就好比是一个蕴藏着巨大流量的蓄水池，这里的用户因"兴趣"或某种共同点而聚集在一起，从商业角度来说，社群是再优质不过的引流地。

3. 单身联盟与不断暴涨的宠物流量

不知道从什么时候开始，"催婚"突然成了一个热度居高不下的社会现象。而无数的男男女女在饱受"催婚"困扰的背后，是中国单身人口的持续快速增长。民政部数据显示，2018年我国的单身成年人口高达2.4

亿，其中有超过7700万成年人是独居状态。2021年，独居成年人预计可以达到9200万人左右。

随着结婚率的持续走低，单身人数不断增长，"上五休二，周末没事刷剧、打游戏、吃零食、睡懒觉"成为不少单身人士的生活缩影。众多的单身人士在消费上形成了一个逐渐壮大的单身联盟，单身经济时代已经到来。

为了满足广大单身人士的消费需求，广大商家也在主动积极地推出"单身"类商品，比如"一人食""小份菜""迷你电饭煲""迷你电器"等。在日常生活中，单身经济正在不知不觉地渗透到消费的方方面面。

总的来说，单身群体的消费主要有三大特征：休闲化、社交化和陪伴化。

（1）**休闲化**。与非单身人士相比，单身人士拥有更多的可支配时间，而为了对抗单身带来的空虚寂寞冷，这些人更倾向于追求休闲娱乐。如今，上网已经成为人们休闲娱乐的一种主流方式之一。一般来说，单身人士在游戏、娱乐节目、看剧、小说阅读、短视频等方面花费的时间更多，流量分布呈现出偏娱乐休闲化的特征。体现在消费上，就是单身人士在休闲小食品、休闲活动等方面更愿意花钱。

（2）**社交化**。单身男女比非单身人士拥有更旺盛的社交需求，社交APP是他们使用时间和频次都很高的应用，且为了提升社交魅力，他们还会产生一系列的消费行为，比如服饰、美发、美容、健身等。此外，单身女性还会在美妆、护肤品等方面产生旺盛支出，而烘焙、厨艺、旅游也是单身女性非常热衷的消费领域。

（3）**陪伴化**。人是社会群体生物，即便是心理再强大的人，也渴望陪伴。单身人士对陪伴的需求是非常旺盛的。哪里有需求，哪里就会催生出新的市场，衍生出新的经济模式。如今，"陪伴经济"已经成为整个经济结构中不可或缺的一部分，且呈现出旺盛增长的典型特征。

淘宝统计数据显示：平均每天都有数千人在淘宝上寻找"陪伴"服务，这些"陪伴"服务的内容五花八门，既有叫起床、道晚安服务，也有送祝福、求夸赞等情感虚拟服务。目前，以智能陪聊为卖点的智能音箱正在迎来一个火爆的快速增长期，不少年轻男女都会通过使用小度、小爱等智能产品来享受虚拟的情感陪伴。

此外，宠物也是很好的陪伴者。近年来，随着单身人数的增多，宠物经济呈现出繁荣发展的态势。"人类愈都市化，离自然愈远，宠物在人类生活中的重要性也愈增加"。随着中国城市化率的一路走高和越来越多单身人士的出现，"吸猫撸狗"已经成为很多单身人士的生活日常。

《2019年宠物人群专题研究报告》显示，约54%的宠物为狗类；其次为猫类，占比约43%；其他门类的宠物占比则相对偏小。在互联网上，猫、狗相关内容的背后往往聚集着非常充沛的流量，此外鹦鹉、仓鼠、柯尔鸭以及爬行类异宠也非常受年轻人的欢迎。尽管并不是每一个单身人士、每一个年轻人都会养宠物，但"云吸猫""云撸狗""云养宠"等已经成为一种社会性潮流。

近年来，随着单身人员数量的不断攀升，宠物市场的消费规模从百亿元攀升至千亿元。相关数据显示：从2010年到2020年，我国宠物市场消费从140亿元增至接近3000亿元。由此不难发现，宠物市场的快速增长与单身人员数量的攀升趋势基本上是吻合的。

总体来说，宠物经济呈现出三大特征：一是年轻人是宠物经济的核心力量，超过60%的宠物主人都是1985年以后出生的人群；二是女性比男性更喜欢养宠物，女性宠物主的比例占到52%；三是大城市居民更喜欢养宠物，这与大城市单身人员数量更高有着直接关系。

宠物流量的背后是一个庞大的消费市场，从宠物食品到宠物医疗，再到宠物用品、宠物服务。谁能抓住宠物流量，谁就能够在这一消费市场上占据优势地位。

4. 不断下沉的"拼"流量与励志流量

"比你优秀的人不可怕，可怕的是比你优秀的人比你更努力""那些比你好看、比你有钱的人，偏偏比你更努力""你必须很努力，才能看起来毫不费力"……相信每个人对这些话都不陌生，尽管一部分人会将此类"励志"的话语看作"毒鸡汤"，但不可否认的是，在互联网上，与"拼搏""努力""奋斗"有关的"拼"流量和励志流量依然占据互联网流量地图的一席之地。

王健林在《鲁豫有约大咖一日行》中对年轻人提出忠告："想做首富

第二章 不得不看的互联网流量地图

是对的,奋斗的方向嘛,但是最好先定一个能达到的小目标,比方说我先挣它一个亿。你看看能不能用几年挣到一个亿。"王健林此话一出,迅速成为网络热点,广大网友们纷纷开启刷屏模式,以至到最后"小目标"成了一个非常有影响力的网络梗。

在互联网行业,"奋斗"更是一个热度非常高的词语。关于"996"的话题经久不衰,行业"大佬们"更是纷纷下场谈"996",说奋斗。刘强东的"每一个京东人都必须具备拼搏精神,真正的兄弟一定是一起拼杀于江湖",王小川的"不认同搜狗价值观,不愿意和搜狗一起迎接挑战的人,我们不姑息"……诸如此类的言论,无一不引起了人们非常广泛的关注与讨论。

我们不必纠结这些"大佬们"的话语是否正确,是不是别有用心和目的,从互联网商业角度来说,这些话题意味着流量、大规模的流量。

当"996"刺痛着职场人原本就脆弱的神经,当整个社会都充斥着不奋斗就可耻的紧张氛围,与拼搏和励志有关的话题自然成为人们关注的重点。由此,拼搏和励志就形成了一股非常强劲的流量,并由此衍生出一种互联网亚文化现象。

在互联网上,关于"拼搏""励志"类的流量,主要呈现出两极性特征:一方面,相当一部分人对拼搏、奋斗持认可态度,认为成功都是奋斗出来的,每一个取得成绩的人都是通过奋斗实现的,这一群体主要聚集在各类励志事迹、名人成功、自我激励等相关内容之下;另一方面,还有一部分人对拼搏、奋斗感到"心累",他们急切地希望能够找到另一片天地,抨击"996",抗议天天上班的生活、渴望隐居等,是这类人群最喜欢的话题和内容。

需要注意的是,"拼"流量和励志流量正在不断下沉,而非仅仅局限于白领阶层或上班族,尚未毕业的学生也早已经被卷入这场流量之中,名校毕业、年薪百万、刚下飞机已经成为网民们调侃知乎"精英"群体的段子。尚未进入社会的学生,早早就通过社交媒体、互联网等了解到了金钱的重要性,认识到了拼搏才会赢等。这一群体,由于社会经验少,尚未经历过社会的磨炼,还没被生活按在地上"摩擦",因此往往雄心壮志,最喜欢聚集在"走上人生巅峰"类内容之下。

此外,由奋斗、拼搏、励志衍生出的很多子话题,比如怎样自律、目标制订、时间管理等,也都聚集着海量的用户,创造着不可忽视的流量。充分认识励志流量的力量以及规模,对于企业是非常有商业价值的,因此一定要引起重视。

5. 在互联网上,知识本身就是流量

互联网上的信息很多,但这些信息往往充满了冲突与矛盾,需要人花费大量的时间和精力去筛选和辨别,判断哪些信息是正确的,哪些信息是片面的,哪些信息是最新的,哪些信息是过时的,哪些信息只适用于某个地区，哪些信息是广泛适用的……越丰富就会越枯竭，在海量信息面前，在充斥着不同、差异和冲突的内容面前，那些正确的、专业的、全面的优质内容本身就成了流量的载体。

互联网上的信息五花八门，质量参差不齐，甚至不少都存在谬误，这使得知识本身就成了流量，在这种大环境下，催生了专门的知识付费模式的出现。

知识付费，靠优质内容盈利，是一种盈利方式的崭新尝试。内容付费的盈利模式是在2017年左右火起来的，果壳网推出的语音问答产品"分答"；罗振宇甚至将视频内容"'罗'辑思维"搬运至其"得到"APP作为付费用户独享内容，让知识付费一下子进入到金融投资圈和全民视野之下。此后，伴随着移动直播行业的火爆，直播行业也开始积极尝试付费直播间模式。

互联网上有海量的可以免费检索的信息，为什么会有人愿意付费购买内容呢？知识付费背后的商业逻辑是什么？

实际上，知识付费、付费直播间等模式的背后，是大众对优质专业性内容的强烈需求。互联网让人们的时间越来越碎片化，在这个日新月异的社会，学习成为一个人终身的任务。互联网上能找到很多有用的信息，但需要大把的搜索及辨别信息的时间，这就意味着时间和精力会被大量消耗，而精品内容具备垂直化、高度概括性等特点，可以让用户省去大量分辨、筛选及整理和归纳的时间，为用户节省学习的时间和精力。再者，精品内容是高度凝结了智慧和劳动的内容产品，能满足大众所需，因此自然而然会聚集流量，有了流量也就具备了一定的商业价值。

从当前的直播情况来看,使用付费观看盈利模式最多的是线上教育类直播,具体为名师讲课直播、学生课业辅导直播、英语一对一学习直播等。近两年来,随着线上教育培训行业的火爆,付费直播盈利模式也逐渐趋于成熟。用户先付费购买直播课程,再分阶段、分时间享受付费课程的直播服务。在这一过程中,知识即流量在线上教育行业被体现得淋漓尽致。

知识流量在互联网流量地图上占据着重要位置。要想获取知识背后的流量,就必须为广大用户提供优质的专业知识。具体来说,主要应做好以下三点工作。

一是提供某一领域的专业知识。要想提供优质内容,就必须具备一定的专业知识。不管是输出有关PPT、编程、写作、PS之类工作技能的专业知识,还是关于数学、物理、化学、生物等学生们必考的知识,抑或是有关裁剪制衣、烹饪之类的生活技巧知识,只要你在某一领域具备专业知识,就能够成为依靠知识付费来盈利的机构或个人。

二是具备可持续的内容输出能力。要想依靠提供优质内容来盈利,就必须具备可持续的内容输出能力,实际上这是一件非常困难的事情。即便是像罗振宇"'罗'辑思维"这样曾经的明星产品也难逃走向颓势的命运。要想维持可持续内容输出能力,需要大量知识、信息的持续输入,必须时刻保持学习状态,不断学习新知识、新技能,才能避免"江郎才尽"的结局。

三是始终保持内容的高质量输出。在这种盈利模式中,内容与盈利收入是直接挂钩的,一旦内容质量出现下滑,就会立即反映到内容付费销售中,进而出现老粉丝不愿意续费、新粉丝看到一些负面的评论信息也不愿意付费的情况，所以务必要保持内容的高质量输出，哪怕推迟更新，都不要在内容上偷工减料。

6. 社交流量：无比巨大的流量池

互联网流量见顶以及各类电商获客成本的增加，逼迫着广大电商必须去寻找新的低成本流量，开拓新的引流渠道。社交流量就是一个无比巨大的流量池。当微商、直播带货、社区团购等成为互联网商业领域的新物种，社交平台也就成了引流的重要阵地，可以毫不夸张地说，今天每一个互联网社交平台都可以说是一个流量池，从QQ群到微信，从论坛到贴吧，从知乎到"今日头条"，几乎每一个人用于社交的平台，都已经被嗅觉敏锐的营销人占领，社交平台成为流量池也就不足为奇了。

从专业角度来说，社交流量的优势是非常巨大的，主要体现在以下四个方面。

（1）**商业潜力巨大**。大量真实人群聚集的社交网络上，无疑是一个流量丰富的储水池，加之社交网站中的用户与用户之间都有好友、粉丝、关注、点赞、收藏等人脉关系，对于营销人员来说，社交网络拥有着巨大的商业潜力。社交平台上的人群不仅是潜在的顾客，他们还会通过分享购物体验、发布购物过程来扮演业务"导购员""推销员"的角色,他们会在不知不觉中回答其他网友在哪儿买、哪个品牌好等问题,从而对尚无消费需求的人产生影响,促使其产生购买行为。

(2)**用户群更精准**。不管是现实生活中的社交,还是互联网上的社交,都是"物以类聚,人以群分",在特定的群组中,聚集的都是拥有一定共性的人,这种互联网社交的分组,就为我们提供了精准的用户群,我们只需找到与自己商品匹配的社交群落,就可以充分了解这一用户群的爱好、习惯、兴趣和消费诉求等,从而有针对性地制订出更精确的引流计划。由于用户群精准,所以在社交平台上的引流转化率要比其他方式更高,可以达到6%~10%。

(3)**互动性强,用户黏性更大**。社交平台具有社交属性,我们可以构筑起与消费者的多元化关系,除了买卖双方的关系外,还能与消费者形成社交中的朋友或熟人关系,从而大大提升双方的信任感,增强转化率。此外,还可以运用口碑传播、社交用户交流等,提高用户忠诚度和复购率。社交互动性和更好的用户黏性使得以社交平台为基础的引流效果更好、更持久。

(4)**成本更低**。如今的互联网商业领域早已经过了跑马圈地的时代,呈现出巨头林立的行业特征。相关统计数据显示:阿里巴巴一家就占到了网购市场份额的78%……大量用户和流量聚集在电商巨头手中。对于中小企业来说,要想获得这些公域流量,就必须为此支付高昂的成本,比如"烧直通车""购买竞价排名""购买主页展示位"等。而社交平台开辟了一个新的流量入口,即可以针对精准用户采取更精准的引流策略,这不仅让商家的引流成本变低,还有效降低了消费者购物的时间成本。

另外,社交平台是人们追八卦、谈热点的地方,因此商家还可以利用社会热点事件、娱乐八卦等来聚集人气和引流,这是一种非常有效的快速引流方式。

5G时代,社交媒体将会迎来一波新的商业红利。专业人士预测称:这波红利背后早期受益的是工业品,后期将是农产品。拥抱5G,才能制胜未来。这是一个数据重构商业、流量改写模式的时代。因此,在流量见顶的后互联网时代,在各类社交媒体上做好引流才能在越发激烈的竞争中获胜。

7. 抖音让流量在线上呈黑洞式爆发

当前,我们正在被各种各样的屏包围——手机屏、平板屏、电脑屏、电视屏、车载屏……,在一个处处是屏幕的时代,视频早已经成为一种主流的传播方式。

在互联网发展的早期,读图都被视为贬义概念,被大众认为会对人的思维和思考方式产生负面影响,而随着各类智能终端和移动互联网的快速普及,连昔日作为媒体"一哥"的电视也开始进入视频融媒时代。

在中国70周年国庆阅兵活动中,中央广播电视总台就推出了视频动图。据统计,在国庆70周年庆典活动直播中,电视端总收视规模达7.99亿人次,总台自有新媒体平台和第三方合作平台总体阅读浏览量达45.98亿人次,其中视频直播收看次数超过3.93亿人次。由此可知,在互联网快速发展的今天,电视与视频的边界正变得日益模糊,跨时空、跨平台的大视频时代正朝着我们呼啸而来。

《2021年中国网络视听发展研究报告》披露,截至2020年12月,中国网络视听用户规模达到9.44亿人,占网民总体规模的95.4%;短视频应用迅速崛起,热门短视频应用的使用者规模达到8.73亿人,占整体网民规模的88.3%。网络视听正变为大众娱乐的刚需,视频也成为各媒体竞相延伸发展的重心。

弹幕、表情包、漫画式的旁白……今天的视频在不断刷新着各式各样的表现方式;多种多样的剪辑思路,不同受众不断变化的口味等,都是做视频内容必须要考虑的问题。只有与时俱进、紧跟受众,才能不断提高视频产品的曝光率和转化率等。

视频时代的到来,让各类视频空间成为互联网上的流量大本营,随着贴吧、论坛、QQ空间等"老派"的网络社交空间人气不断流失,诸如抖音、快手等聚集大量流量的视频空间成为新的商业空间。

在短视频应用中,抖音是当之无愧的佼佼者。抖音发布的2019年数据显示:仅"双十二"当天,Top50的账号,成交额就超过1亿元。

抖音于2016年9月上线,发展短短不足5年时间便成为"短视频行业的风向标"。可见,抖音正在形成一个新的商机王国,不少电商中的中小卖家通过抖音短视频的火爆看到了"曲线救国"的新商机，他们一边经营着自己的网上店铺，一边在抖音上发布小视频，期望能够通过吸引粉丝的方式有力拉动店铺的人员流量和产品销量。

如今，在抖音上开通个人主页电商橱窗已经成为一种新型的"商业模式"，一部分网友正在养成一边刷抖音一边购物的习惯。源源不断汇集的流量，巩固了抖音这一品牌在短视频行业中的地位。

抖音和快手都属于娱乐型社交直播平台，但两者又有非常明显的不同。抖音的整体发展策略是自上而下的，从一、二线城市向三、四、五线城市扩散发展；而快手的整体发展思路与抖音恰恰相反，采取的是自下而上，即从三、四、五线城市出发，逐渐包围一、二线城市的策略。目前快手网红在直播间做生意已是司空见惯，衣服、彩妆、零食、餐具等种类繁多，几乎无所不卖。在2019年"双十一"当天，快手个人直播间就完成了1.5亿元的销售流水。

抖音与快手都推出了属于自己的电商网站，且开通了购物车功能，除了可以销售自有平台的商品外，也可以销售淘宝、天猫的商品。目前，短视频行业蓬勃发展，已经初步形成了淘宝直播、天猫直播、京东直播、拼多多直播四大传统电商直播平台占据消费类直播的主流市场，抖音、快手占据社交型直播电商主流市场的基本格局。

2019年直播电商的市场规模达到了4338亿元，可见，以抖音为代表的短视频平台正处于一个高速增长期，尤其是2020年新型冠状病毒肺炎疫情的发生，更是激发了短视频的蓬勃生命力。可以预见的是，随着短视频、直播带货等打造出的购物新场景，以抖音为代表的短视频平台将会形成一个具有强大吸引力的流量黑洞。谁能把握住短视频背后的流量，谁就能够在未来的商业竞争中占据优势地位。

8. 不可小看的拼多多式分享流量

成立于2015年9月的拼多多，可谓是互联网电商领域中的一匹黑马，截至2020年底，其在短短5年时间内，年度活跃买家就达到了7.884亿人，超过京东成为中国第二大电商平台。为什么拼多多能在如此之短的时间里，迅速成长为可以与淘宝、京东相匹敌的电商平台呢？

一方面，这与拼多多的低价模式有着密不可分的关系。首先，用户可以和家人、朋友、邻居及其他也有购物需求的网友等一块发起拼团，从而用更低的价格买到更优质的商品。其次，拼多多是一个非常典型的社交电商平台，在这里，用户可以通过给朋友发送砍价链接，让大家一起"帮我砍一刀"，以更低的价格甚至0元拿到商品。

"我在拼多多上几块钱买了五斤大葱，居然还是顺丰包邮，店家能赚钱吗？""不到五块钱，买了条毛衣链，做工特别精致，和精品店里卖几十元的也没什么差别，这也太匪夷所思了。"……实际上，不少在拼多多上购物的用户，都会发出类似这样的感慨：商品太便宜了，质量也不差，价格简直突破了人的想象力。甚至有些用户反而担心起店家、商家的生计问题。拼多多模式的出现，意味着用性价比作为经营哲学的企业进入了死循环。

另一方面，这与拼多多"团购"分享模式背后的流量有关。在互联网上，每个人都是一个传播中心，拼多多的邀请好友砍价、分享好物等功能的设计，充分调动起了每一个用户的宣传潜力，把他们身边的社会关系深度挖掘出来，促使其成为自己的用户和消费者。无数用户又在自己的朋友圈中扩散，这种方式带来的流量是爆炸式的，其能量堪比"核反应堆"。

通过裂变来扩展流量版图，已经成为不少企业的常规做法。以用户群裂变为例，这是一种最原始、最常见的裂变模式，其内在逻辑很简单，即通过用户转发来实现裂变，用户只需转发视频或海报即可，用户的好友在看到转发的内容后，会根据自己的需求或是否感兴趣来进行点击、收藏或扫码等，裂变由此产生。可以想象一下，大量的用户转发，每个转发的用户背后又有着少则几十人多则几百人的潜在用户群，哪怕只有少部分用户参与转发和点击，其裂变的能量依然非常惊人。这种转推裂变是一种非常快速、有效、简洁的裂变方式。

不管是用户群裂变还是直播号裂变，都是策划活动，都包括前期、中期和后期三个不同的阶段。

一般来说，前期工作包括四个方面：一是针对用户开展详细、具体的调研，真正了解用户的需求；二是明确了需求之后就需要梳理出活动的路径、细节、关键环节等；三是活动方案确定后，任务分配和人员分工也至关重要，在任务分配时要做到每个环节都有专人负责，防止出现权责不清、责任中空地段，以免影响活动的后期落地执行；四是筛选并确定好渠道，严格按照排期进行推广。

中期的工作主要是执行与运营，执行很简单，即按照前期制订的完整活动计划，从时间、节奏到方案都按部就班、不折不扣地执行即可。此阶段运营工作是难点，运营工作的核心是关注裂变的情形，做好老用户的留存工作，尽可能多地吸引新用户，与此同时，还要想办法增加转化率，切实提高商品的销量等。一个优秀的运营计划，可以同时借助彩蛋、抽奖、渲染气氛、分段直播、维护流量池等多种方式来实现最终的运营目标。

后期即活动数据收集分析、查找不足等收尾工作。要做好整个裂变活动效果的评估和原因分析，为今后的活动策划提供有效的参考和有力的依据。

在数字经济时代，只要商家不断推出有价值的商品，就可以实现不断的裂变，最终像拼多多一样实现流量增长。但需要注意的是，一定要做好忠诚度高的活跃用户的工作，他们是裂变的基础，也是影响裂变效果的成功因素。

9. 现象级热点带来的流量盛宴

互联网是人类现实社会的映射，在现实社会中，常常会出现一些大众都十分关注的热点事件，比如新中国成立70周年阅兵、2020年新型冠状病毒肺炎疫情蔓延等，互联网上也会出现人们关于热点事件的看法、言论等，从而在线上形成一个个现象级热点。每一个现象级热点，都会带来一场流量盛宴。

2015年，小米在印度发布小米4i，作为学霸的雷军用一口蹩脚英文撑起了整场发布会。B站网友Mr.Lemon为了吐槽和娱乐，把雷军演讲片段合成了一首鬼畜神曲*Are you OK？* 此曲一经发布，在网上的热度迅速攀升，成为一个有热点事件，而雷军本人也因此而迅速成为"网红"企业家。如今这首神曲在B站点击量突破1800万，留言超过10万条，这就是热点带来的流量。

2019年百度AI开发者大会上，一位不明身份的人士突然冲上台并向正在发表主题演讲的李彦宏泼水。一整瓶矿泉水从头浇下，错愕的李彦宏向男子发问："What's your problem？"但对方心理素质明显更好，仿佛无事发生般镇定地走下舞台。由此，"宏颜获水"视频迅速蹿红网络，成为2019年度最为大家津津乐道的话题之一。而伴随着这一话题的火爆，自媒体们也掀起了一场流量盛宴。

……

实际上，网络上的热点事件并不少，且每一个事件的背后都有着规模庞大的流量。

说到热点事件，王思聪必须榜上有名。他曾发过一条微博表达对于自家企业旗下长沙万达文华酒店的强烈不满，尽管这条微博发出后不久就被删除了，但就靠着这条"自黑"微博，王思聪迅速炒红了自家酒店。据相关数据统计，王思聪的这条微博阅读量上千万，长沙的这家万达文华酒店入住率直接翻了一番。这就是热点事件背后的流量价值。

在互联网上，每天都有热点事件，这些热点事件的内容往往五花八门，从明星八卦到重大政策，从国际新闻到社会新闻，从名人言行到生活小事，应有尽有。需要注意的是，不同的热点事件，其热度、持续发酵时间、影响范围等都不同。一般来说，热度越高、持续发酵时间越长、影响范围越广的热点事件，其背后的流量就越可观，商业价值也越高。

2020年4月1日，"淘宝直播卖火箭"的新闻刷爆全网，更令人不可思议的是，火箭销售链接上架后5分钟内就有800多人拍下定金；央视最强天团——康辉、撒贝宁、尼格买提、朱广权搭档北京卫视主持人春妮直播带货一战成名；斗鱼平台主播"乔碧萝殿下"在视频直播中上演美女变大妈；第七次人口普查；接种新型冠状病毒肺炎疫苗等都是互联网上的热点事件。俗话说，外行看热闹，内行看门道，作为互联网人，我们在看待这些热点事件时，不能仅仅停留在"吃瓜"层面，而是要看到其背后的流量，并充分认识到这些流量的巨大商业价值，从而为我们的引流提供参考。

互联网上时常会出现一些关注度非常高的热点事件，在引流的内容中巧借时机，学会蹭热点，往往能够给自己带来更多的流量。这就要求商家在进行引流内容策划时，留心互联网上的新变化、新消息、新潮流等，及时发现热点。需要注意的是，蹭热点不可为了热点而强行蹭热点，在蹭热点的时候，要充分考虑到自己所售卖的商品及引流内容等，只有热点与自身产品相融合，才能起到较好的引流效果，反之则会令人生厌，那就得不偿失了。

10. 那些小而美的爱好流量圈

人人都有喜好。过去由于人们生活水平较低，绝大部分人的大部分时间和精力都花费在解决温饱的问题上，自然也就谈不上什么兴趣爱好。近年来，随着人们生活水平的提高，温饱早已经不是什么问题，富裕起来的中国人正在变得越来越"自我"，相当一部分人在兴趣爱好上投入了不少时间、精力和金钱，爱好正成为调剂生活和工作节奏的有效工具。

观察周围的人群我们会发现：不少退休的大爷大妈热衷于跳广场舞，风雨无阻、节假日照旧，不难看出其对广场舞的热爱程度；一些退休知识分子喜欢摄影，在公园湖边、风景区、动物保护区等地，常常能够看到组团扛着"长枪短炮"的摄影爱好者；钓鱼是不少男性同胞的心头好，水库边、湖边、野外河边、池塘……凡是有鱼的地方，就一定会有蹲在旁边钓鱼的人，甚至一些人会夜钓、海钓，一钓鱼就是连续几天几夜；手工编织是不少女性的爱好，从绣花到毛线编织，从旧衣改造到裁剪制衣，尽管其中不少人都是"手残党"，但这也挡不住兴趣爱好的力量，各种工具一应俱全；小朋友们也有爱好，开盲盒如今已经成为不少小朋友无法拒绝的爱好，尽管这个爱好比较费钱；单身青年男女，不少都喜欢打游戏，为了游戏花钱买装备、买皮肤等都不在话下……

社会对个人变得越来越宽容，在这样的大环境下，个体更需要重新定义自己，兴趣爱好则是最好用的标签之一。

当前，人们的兴趣爱好非常广泛，除了以上这些大家所熟知的爱好外，还有不少非常小众的爱好圈子。如豆瓣小组就是一个由各种不同兴趣爱好者组成的流量团，从"今天喝咖啡了吗"小组到"螺蛳粉fans小组"，从"fire生活小组"到"无用美学小组"，从"男性抠门联合会"到"社会性死亡小组"，从"爱玩拼图小组"到"可爱事物分享小组"，从"小厨房小组"到"手工羊毛毡小组"，从"菜市场爱好者小组"到"城市观星者小组"……即便是超出常人想象的小爱好，也能在互联网上找到自己的同伴。

中国是一个人口大国，互联网让无数拥有小众爱好的人群突破了时间和空间的限制，在互联网上相遇，从而形成了以兴趣爱好为核心的社区或联络点。千万不要小看这些爱好的力量，在互联网流量地图上，这些小而美的爱好流量也占据着非常重要的地位。

互联网行业从广义上来说，属于垂直服务行业，尤其是在用户分流越来越专业化、市场竞争越来越激烈的今天，追求大而全显然不是一个好主意。找准自己擅长的领域，只做自己熟悉的事，只专注于服务某个特定领域的用户，才是明智之举。"小而美"是今天互联网流量领域中的制胜商业逻辑。

当今年青一代的消费者，追求个性，强调自我，有非常强烈的自我认同感，体现在购买行为上，主要表现为他们更愿意为了兴趣爱好而买单。比如同样材质的T恤，新时代的青年们宁愿花高价买限量版、游戏或漫画联名款等，也不会图便宜买图案没什么特点的T恤。

每一个兴趣爱好的背后都聚集着大量用户，都潜藏着很多流量价值和商业机遇。以古琴这一爱好为例，在爱好者群体中销售古琴、古琴演奏表演票、古琴学习课程等就是很好的流量变现方法。在这一群体中发布关于古琴的专业知识、弹奏技巧、调音技术等内容，必然会轻轻松松吸引不少流量。

在流量竞争越来越激烈的今天，与其和那些占据流量入口的大平台争抢流量，远不如奉行"小而美"的原则，聚焦那些由爱好和兴趣组成的流量圈，借助反向思维来实现流量困境的突围。

第三章
私域流量：新一轮流量暴风眼

1. 流量为王时代已经远去

打开主流的移动端平台，"断更""停更""自媒体大咖为何停更"……诸如此类的消息并不少见，如果对自媒体行业有较多关注的话，相信对于这一现象会有更深一步的理解。

为什么特别赚钱的自媒体行业会出现这种情况呢？首先，我们要清楚地知道自媒体赚钱的核心商业逻辑，简单来说就是通过内容来引流，当粉丝积累到一定数量就可以通过接商业广告或售卖商品等方式来对流量进行变现，这是一个非常清晰简单的商业闭环。其次，流量变现尽管有各种各样的失败案例，但总体上来说，变现的方法是多种多样的，只要粉丝数量够多、质量够好，完成变现只是时间问题。既然如此，为什么还会有很多自媒体人纷纷断更呢？尤其是其中还不乏一些颇有影响力的大咖号。

这是互联网发展的必然趋势。流量为王的时代早已在不知不觉中远去。近年来，流量在互联网、移动互联网上的分布发生了翻天覆地的变化。

在互联网发展的早期，用户是广泛分散在网络上的，当时没有今天如此多的各种各样的平台，大家上网都是通过搜索引擎，少数的一些论坛也是更加开放式的。在这一时期，流量为王是非常突然的电商逻辑，且获取流量也非常容易。

随着互联网和移动互联网的快速发展，一系列平台迅速崛起，微信朋友圈、豆瓣、知乎、今日头条、小红书等大量崛起的平台，俨然是一个个"地方诸侯"，把原本分散的流量把持到了自己的势力范围之内。在这种大环境下，散兵游勇式的自媒体自然难以在与"地方诸侯们"争夺流量的较量中占据优势，可以毫不夸张地说，今天互联网上的流量入口已经被少数有实力的平台所占据，流量为王的时代已经成为过去式。

这种转变与智能手机的快速普及分不开。在早期，人们上网主要通过电脑来实现，智能手机的出现使得手机上网成为非常便利的一种方式，体现在流量的变化上，则呈现出主流流量从电脑端转移到手机端。用户在哪里，流量就在哪里，相应的哪里就有肥沃的商业土壤。手机端用户流量的暴涨，让无数伺机而动的企业纷纷开始开发APP。APP的大规模发展，为今天流量地图的生成创造了必然条件。

在整个过程当中，原本分散的流量被一个个应用聚集起来，一个个有实力的应用成长起来，形成了把控流量入口的"地方诸侯"。在这样的大背景下，如果我们的思维还停留在靠流量换广告来赚钱，那将是非常危险的。

流量为王的时代已经远去，在现有基础上做好留量的工作，才是更具商业头脑的明智做法。也许有人会说，如此一来，岂不是只有那些入行早且有流量积累的个人或团体才能入场，新手连入场的机会也没有了？互联网流量争夺战已经过了"跑马圈地"的时期，这是不争的事实，但俗话说，"机会是留给有准备之人的"，尽管新手入场难度系数增加，但只要摸准了流量分布的规律，照样可以后来者居上。

2. 留量为王时代已经到来

在过去很长一段时间，人们更关注粉丝数量而非质量，只关注短时间的流量，很少去思考内容分发渠道是不是足够广泛，SEO（Search Engine Optimization，搜索引擎）优化做得是不是到位，吸粉的方式方法是不是不够有效……

当流量为王时代远去，这些以往人们关注的重点也在慢慢"褪色"。比如，"'僵尸粉'再多也没什么用""粉丝数量重要，但粉丝质量更重要""花钱买粉丝见效最快，就是难以提升商业价值"等诸如此类的观点迅速席卷整个社会，这意味着流量不再是成功的唯一因素，活跃的粉丝数量、转化率等成为更受人们重视的标准和尺度。

任何一个商业领域的发展，都是以"指向标"为旗帜的，当"流量数量"是指向标时，"标题党"获取点击量、花钱买粉丝等也就再正常不过了；当"流量质量"成为指向标时，粉丝是不是优质、商业转化率多少，就成为电商们更在意的关键问题，这就意味着，"留量为王"的时代已经到来。

所谓"留量为王"，简单来说就是用户运营。钱可以买到数不清的粉丝，但绝大部分都是"僵尸粉"；铺天盖地的广告，能够砸出品牌或产品知名度，但却带不来死忠粉；强推，宣传力度是够大了，可往往带不来用户，还很容易招来大家的厌烦；积分策略是留住会员、用户的常用办法，但实际上却往往很难留得住想走的人；注册绑定××账号，是最常见的固粉手段，但却左右不了用户的真实意愿……

引流、固粉的手段很多，大家都各有各的"套路"。但今天的人们早已经在铺天盖地的信息中有了免疫力，"任尔东西南北风，我自岿然不动"成了很多人的主要态度，在这样的情况下，很多"留量"手段的效果也随即大打折扣甚至是直接失灵。用户运营成了一项极具挑战性的工作，因此不少企业早就开始了用户的精细化运营。

以拼多多为例，邀请朋友砍价、种果树免费领水果、牧场养殖免费领商品、拼小圈和朋友们一起交流买货心得、会员领券更优惠、参与抽奖活动手气大比拼……如此多的服务实际上最终指向是一致的，都是为了提高用户的活跃度，从而提升商业转化率。如今，关于用户精细化运营的方式变得越来越多样化，不同性质的平台方式上也有很大差异，比如以优质内容为主要特点的知乎，则是另外一种"玩法"，开通付费阅读、集赞、创作者等级、平台的高格调定位等对于激励用户创作优质内容也是比较有效的。总的来说，不同的平台，用户群体不同，盈利模式不同，其适合的用户运营策略和方法也大不相同，对于企业来说，关键还是要找到适合自身的玩法。

此外，任何一款产品都有一定的用户周期，比如网购用户呈现出浏览、关注、收藏、添加购物车、付款未收货、完成收货、评价等不同操作阶段，针对不用阶段的用户，商家的运营策略也要精细化，只有这样才能真正服务好用户，做好用户运营工作。

在互联网流量见顶的用户存量时代，如何做好用户的精细化运营，提升用户的复看、复购率,是非常重要且有价值的,也是摆在很多企业面前的一个难以避开的重要难题。

3. 公域流量与私域流量的抉择

如今,互联网红利见顶已经成为人们的普遍共识。就整个大环境来说,互联网的公域流量已趋于饱和,可竞争却在不断加剧,进入市场的企业还在不断增加,流量获取成本水涨船高,并且很快就会"有市无价"。

对于商家来说,要想获得公域流量就必须入驻各大平台,通过搜索优化、参加活动、花费用推广、配合平台办促销活动等方式来获得店铺流量及达成交易,可如今平台已经成为收取过路费的"公路",大大压缩了商家的利润和生存空间。

公域流量有其自己的优点,对于普通商家来说,不必专门运营,只要进驻大平台花推广费,就可以获得比较优质的公域流量。通过这种方式获得流量,省时省力,尤其是对于中小规模的电商,在难以匹配专门的引流人员的情况下,是一种立竿见影的方法。正如任何一枚硬币都有正反两面,公域流量的缺点也比较明显,一方面,随着互联网流量见顶,线上获取流量的成本越来越高,各大平台的推广费用也随之水涨船高,获取公域流量的成本大幅增加；另一方面，公域流量是一种非常粗放式的流量，缺乏针对性，流量的商业转化率较低，在越来越多电商聚焦精准流量的大环境下，公域流量的商业价值正在被不断稀释。

公域流量的种种问题，催生了私域流量的迅速崛起。私域流量的定义是，品牌或个人自主拥有的、可以自由控制的、免费的、多次利用的流量。私域流量通常的呈现方式是自主APP或小程序、微信群、个人微信号。

私域流量崛起的背后，是企业的增长焦虑，是企业开始从流量收割到用户经营的思维转型信号。不论公司规模大小，只要能掌握私域思维，都能大大促进用户连接，增强粉丝忠诚度和销量。在大数据时代，数据即财富，平台的数据不会完全与商家共享，如果不能建立自己的数据资产，未来的发展必然会陷入被动。

如果说公域流量是一条"收费公路"，那么私域流量就相当于是修了一条通往自家门口的道路，我们不用付费，就可以任意时间、任意频次直接触达用户，比如自媒体、用户群、微信号等，也就是关键意见消费者可辐射到的圈层。私域流量是一个社交电商领域的概念，只要是到店里的消费者，都不再是单纯的一次性消费，而可能会多次重复消费，成为店里的熟客、常客。

尽管私域流量的优势非常突出，但也有一些缺点和不足。和公域流量相比，私域流量对投入的要求更高，需要专人或专门的团队花费大量时间、精力去运营，且这是一个长期的工作，一旦中途停止就会前功尽弃。做私域流量之前，一定要充分客观地评估自身的实力和情况，做好预算和规划安排，只有这样才能保证私域流量开发之路的顺畅。此外，私域流量

第三章 私域流量：新一轮流量暴风眼

并不是投入就一定会有预期收获，投入产出比存在非常大的不确定性，要做好充分的心理准备。

需要注意的是，公域流量和私域流量并不是敌对的关系，两者各有优缺点，合理地组合可以扬长避短，让其发挥出更大的商业价值。对于商家来说，完全可以两者兼顾，可以根据自身的产品或服务特征、目标客户群体情况等，自行匹配公域流量和私域流量的投入。

4. 私域流量是新的暴风眼

2018年"双十一"线上大促，"完美日记"成为突围而出的"彩妆黑马"。在竞争激烈的彩妆行业，"完美日记"究竟是如何突出"重围"的呢？除了小红书运营和微博粉丝营销外，"完美日记"专门在广州开了两家线下体验店，每天流量2000人次，每位柜姐都引导到店的顾客添加微信号——小完子。实际上，小完子的本质是"完美日记"打造的素人博主KOC（Key Opinion Consumer，关键意见消费者），真人形象，精心运营朋友圈，经常推出促销、节日抽奖、直播等社群活动。也许原来"完美日记"在线上投放只能获得用户当场的一次冲动下单，但在建立私域流量以后，"完美日记"通过朋友圈、社群可以反复触达顾客，用直播、大促、抽奖等各种方式形成转化或复购。

事实证明，私域流量已经成为新的暴风眼。私域，简单来说，本质上就是那群你可以反复"骚扰"、反复推销的人。换句话说，我们的通讯录就约等于你的私域流量。在商业领域，记录客户的联系方式，发短信打电话来引导成交，一直是产品销售的重要渠道之一，这种方式被称为客户关系管理（Customer Relationship Management，CRM）。随着互联网、邮箱、电话、微信的出现，客户关系管理的形式也在不断变化。

一份腾讯和BCG（波士顿咨询公司）的报告显示，许多线下门店的CRM专员从传统的电话+门店+短信转到社交私域运营，有效互动客户数量可以翻1.5~2倍，沟通效率可以提高3~4倍，单次平均互动时长提高2~3倍。

私域流量是新的暴风眼、新的商业金矿，社群是企业打造私域流量的最佳方式之一。要想做好私域流量，就必须具备社群运营能力。社群运营的核心是用户关系。用户相信你，愿意看你的信息，知道你真心关心他，觉得你是一个懂他的人，而不是一个冷血的机器，因此，私域流量的最高境界，就是一个有血肉、懂生活、有感情的"专家+好友"。

小红书、抖音、微博、公众号等算不上私域流量池，只能算是"混合域"。微博可以积累自己的粉丝，但微博流量分发很大程度还掌握在微博官方手里；企业公众号活跃粉丝数量少，打开率低于1%，难以主动触达用户，也算不上私域。而兴趣和爱好者社区和社群等都是私域流量的存储器，社群运营可以大大提高消费者的黏性。

在传统线下商业领域，大家都知道生意要想长长久久，就不能做一锤子买卖，必须培养老客户，当信任你的熟客越来越多，那么生意自然就会越来越好。实际上，社群运营就是在网络上做"熟人"圈子的生意，只要能够建立起信任，用户的复购率就能够支持商家把生意长长久久地做下去。

社群运营的本质在于和消费者建立更加紧密的关系，运用社群营销的策略可大大提高消费者的忠诚度。从微信生态到更多视频、音频生态，从表达文字到表达视频，以及互联网技术的不断进步，使得更紧密的社群关系生态营销成为可能。

数字经济时代的引流，呈现出百花齐放的盛景：自媒体、融媒体等成为个人品牌和个人流量的蓄水池，通过提供内容吸引网络粉丝，基于人格品牌巩固引流渠道……普通的有限责任公司，股东人数有上限，但互联网社群没有人数限制，私域流量也没有人数限制，是真正的海阔凭鱼跃，天高任鸟飞，因此商家可以任意打造属于自己的私域流量。

5. 重构流量空间刻不容缓

在竞争激烈的市场当中，我们常常能够看到：一些曾经强势的企业正在走向衰落，与此同时，一些看似弱小的企业又在悄悄壮大，如江小白、植物医生、三只松鼠、百草味等互联网新生一代的年轻品牌。表面上看，这是各个企业产品相互竞争导致的结果，但从本质上看，这实则是企业在流量空间上的差别导致的结果，是在文化层面引流能力相互较量的结果。也就是说，今天所有企业之间的竞争，归根结底都是流量和文化的竞争。

尽管娃哈哈、全聚德等传统企业与新生代的互联网企业引流方式截然不同，他们早期靠着电视媒体的广泛宣传，在大众中构建了影响力，形成了一种松散的、弱关系的用户群，从本质上来说，这与互联网企业的私域流量池是一样的，只是互联网企业与用户之间构建起来的关系更紧密、更精准、更高效。

不管是传统企业还是互联网企业，其引流的最核心、最高级阶段都是文化的比拼。在非刚性消费成为主流的今天，企业的竞争力仅靠产品的功能、性能、品质等物质层面的价值来承载，早已经远远不够了，决定企业市场价值的关键在于文化，如贯穿在整个消费过程中的人文关怀等。

文化创造商业价值，但在企业竞争愈发激烈的数字化时代，企业要想单纯依靠文化取胜正在变得越来越困难，不少大企业纷纷打造属于自己的"文化生态"，并以此来构筑起更高、更坚固的保护墙，如我们非常熟悉的迪士尼就是一个从文化进化到生态的典型例子。

迪士尼最初只是一家从事动画电影制作的公司，其推出了《疯狂的飞机》《三只小猪》《白雪公主和七个小矮人》《爱丽丝梦游仙境》《狮子王》等一系列动画作品，受到了全世界人民的欢迎。在这些脍炙人口的动画电影中，如唐老鸭、白雪公主、辛巴、米奇等动画形象成为印刻在几代人脑海中的经典和宝贵记忆。

迪士尼以此为依托，在全世界范围内开发了六家迪士尼乐园。此外还涉及迪士尼毛绒玩具、迪士尼手表、迪士尼饰品、迪士尼少女装、迪士尼箱包、迪士尼家居用品、迪士尼电子产品等多个周边消费品产业。由于很多人都是从小看着迪士尼的动画长大的，因此迪士尼所涉及的这些产业都受到了广大消费者的一致好评。

近些年来，随着互联网的快速发展，迪士尼搭上了打造互联网IP的快车，通过经典卡通形象授权的方式，与知名网游公司合作推出以迪士尼为主题的大型网游《梦幻迪士尼》。2019年5月，迪士尼与网易卡搭编程合作，将《星球大战》中的星战萌宠BB-8带入到了编程的世界，来帮助孩子们更好地学习编程。

从一个传统动画品牌到影音娱乐、主题公园、版权合作的多面手，显然迪士尼已经完成了从品牌文化到品牌文化生态的华丽转型。"一鱼三吃"的文化生态建设，极大地提升了迪士尼的引流能力，重构了企业原本的流量空间，从而有效提升了企业的盈利能力和市场竞争力。

利用打造文化生态的方式重构流量空间，不管是对传统企业来说，还是对于新兴的互联网企业来说，都具有非常重大的商业价值。未来的流量世界是一个属于文化生态的时代，一个不能建立起文化生态的企业，在流量的获取和留存上将会越来越举步维艰。因此，企业一定要重视自身流量空间的重构和文化生态建设问题。

6. 轻松了解私域流量的来源

在电商领域,几乎人人都在说打造私域流量,而要想做好私域流量的开发和运营,首先必须要搞清楚私域流量的来源有哪些。

如果说私域流量是一个储存大量用户的蓄水池,那么私域流量的来源就是一条条通往蓄水池的小溪,只有足够多的、顺畅的小溪,才能给私域流量注入高质量的用户,才能真正让私域流量产生巨大的商业价值。

总的来说,私域流量的来源主要有七大类:线下引流、付费引流、自建账号内容引流、产品媒体化、员工IP化、品牌引流、裂变存量带增量。

(1)**线下引流**。线下引流的方式很多,比如京东、华为等就开设了专门的线下体验店,通过线下店铺实现引流。有些企业线下和线上都有店铺,线下店铺就可以充当引流的工具,凡进店者扫码关注即可获得小礼品一份,是线下店铺引流的一种常见做法。此外,一些没有专门线下实体店的企业,往往会通过举办活动、参加展会、聘用地推人员在人群密集处做宣传等方式来引流。

(2)**付费引流**。目前市面上有不少专业的付费推广引流服务商,通过购买引流服务来实现私域流量的引流是一种非常方便快捷的引流方式。与专门购买服务相比,企业自身通过付费手段来引流,成本更低,方式更灵活。一般来说,付费引流的方式有抽奖送礼品、签到积分兑换礼品、发放优惠券、商品免费试用等。

（3）自建账号内容引流。 这是非常主流、应用十分广泛的一种引流方式。不少企业都专门在今日头条、知乎、小红书、抖音、快手等平台上自建了头条号、视频号、百家号、知乎号、大鱼号等，并通过在这些账号中发布优质内容来达到引流的目的。如今，通过自建账号内容引流，难度变得越来越高，这与互联网上信息的爆炸式增长有着直接关系。要想通过这种方式达成高效引流的目标，就一定要在内容上下功夫，在企业IP上下功夫，且要拥有持续输出优质内容的能力。

（4）产品媒体化。 产品媒体化，简单来说就是产品即媒体。产品媒体化在很多网红产品中体现得淋漓尽致，比如星巴克的猫爪杯、脏脏包等，产品本身已经成为媒体，可在人群中大范围传播。要想做好产品媒体化，就要在宣传推广中挖掘产品本身的传播点，比如椰汁的"土味包装"已经成为其广泛传播的一个段子式的存在。当产品本身与广泛传播的段子、梗融合到一起，那么产品媒体化也就达成了，如此一来引流变得轻而易举。

（5）员工IP化。 2018年"双十一"，张大奕的淘宝店实现销售额破亿，仅仅用了短短28分钟；"淘宝一姐"薇娅年带货销售额高达27亿元，紧靠直播带货收入不输普通明星；大名鼎鼎的李佳琦，紧靠一支支小小的口红就能撬动无数姑娘的钱包……实际上，这种繁荣的"直播带货"现象，本质上就是通过人格IP来驱动市场的。因此，员工IP化已经成为打造私域流量的大杀器。

（6）品牌引流。 品牌文化具有辐射功能，可以通过品牌形象、广泛传播以及产品的大范围销售等多种渠道，对整个社会产生一种文化辐射，从而影响消费群体，甚至是社会风尚。因此，品牌是最好用的引流工具之一。这种引流方式适合具备一定规模和实力的企业，毕竟微型或个体型企业，往往没有实力去打造一个有影响力的品牌。

（7）**裂变存量带增量**。当私域流量池中积淀了一批特别优质的老用户后，企业可以通过以老用户为种子用户的裂变活动，来达成以存量带增量的引流目标。需要注意的是，裂变成功与否与很多因素有关，在裂变前一定要做好充分的评估和准备工作，只有这样，才能尽可能确保裂变活动的成功。

7. 搭建私域流量池的五大误区

搭建私域流量池可不是一件简单的事情，尤其要注意不要走入误区，否则很可能会陷入南辕北辙的窘境。一般来说，搭建私域流量池主要有以下五大误区。

误区一：私域流量＝狂加好友，每天拉群，在群发消息打广告。

在日常生活中，相信每个人的QQ或微信中都有那么一些发广告的群，这种普遍的现象使得相当一部分人对私域流量产生了片面性的认知，认为私域流量只是一个包装性质的互联网黑话，实际上就是不断加各种好友，建群拉人打广告。

在搭建私域流量池之前，我们一定要明确私域流量池的目的，一个以打广告为目的的私域流量池注定是做不起来的。每天被广告狂轰滥炸的大众，对广告的耐受度很低，一旦发现是广告群，很快就会退群。私域流量池的目的应该是为广大用户服务，只有被用户需要，私域流量池才能搭建成功。

误区二：私域流量=微商，每天在朋友圈刷屏打广告。

如今的微信朋友圈几乎已经成为广告的天下，每个人的微信里都有无数个做微商的好友。因此一部分人就把私域流量解读为微商，每天在朋友圈刷屏打广告。实际上私域流量池与微商的内核商业逻辑是完全不同的，微商是卖东西，买卖完成也就结束了，接下来又再次重复这一过程。透过现象看本质，我们会发现微商的商业逻辑是一种"收割逻辑"，而私域流量池则是一种经营逻辑，是为了与用户建立"专家+好友"的关系，对用户进行长时间培养，让他们对商家的产品产生兴趣，进而购买，形成一个不断循环的过程。

在搭建私域流量池之前，我们一定要理清私域流量池的内在商业逻辑，只有这样才能避免私域流量池变成"四不像"的结局。

误区三：私域流量=用户从a渠道导入b渠道。

有些人认为，把淘宝、天猫平台上店铺的顾客导入到自己的APP小程序里，就是私域流量了，实际上这种认识是非常片面的。把用户从a渠道导入b渠道只是搭建私域流量池的一小部分工作，核心工作还包括如何提升流量价值、如何增加老用户复购率、如何裂变更多流量、如何开发流量池的更多引流渠道、如何降低用户的流失等。

误区四：私域流量＝小公司才做的事情，和大中型公司无关。

线下小店可以通过微信个人号添加新老顾客为好友，进行个人号精细化运营，发起线上互动线下消费活动，让顾客产生复购、转介绍的行为，这种做法就属于搭建私域流量池。但千万不要以为搭建私域流量池只适用于小公司的小打小闹，大中型企业也可以搭建私域流量池。比如滴滴出行公众号粉丝超8000万，中国移动公众号早就突破了1亿粉丝量，招商银行信用卡公众号粉丝超3000万，极大节省了人工客服成本。

误区五：私域流量＝一切流量，不需要公域流量。

私域流量固然拥有优势，但如果把私域流量视为一切流量，那么很大概率是要栽跟头的。公域流量和私域流量各有优缺点，在搭建私域流量池的过程中，最好不要彻底摒弃公域流量，因为新的流量可以提供新数据和新的用户样本，有利于商家发现更多引流的可能性。

第四章

引流：一定要吸纳精准流量

1. 大数据画像：找准你的客户群

在商业领域，有一个非常有意思的现象：80%的销售额往往是20%的消费者创造的。精准地找到高净值客户，对于线上引流来说是非常重要的事情。

如今，我们身处的社会，是一个无比多元化的世界，各种各样的价值观都可以得到尊重，中西方思想交汇碰撞，不同年龄的人有着各自不同的爱好和习惯，即便是小众人群也能够在互联网上找到与自己志同道合的团体……

在社会文化领域，我们正在经历一场开放式变革，不管是丁克族还是不婚族，不管是现实主义者还是理想主义者，不管是活在当下还是游离在二次元的虚幻世界中……社会文化与舆论即便是对特定身份的人，也变得越来越宽容。

一方面，这种开放式的社会文化变革让人们感受到了更多的自由；另一方面，开放式的社会变革也让更多人开始自我思考，我是谁，我要做什么，我因什么而不同。今天的互联网购物消费行为，逐渐成为一种寻找自我身份认同的方式或渠道。

购买职场通勤服饰，往往并不是因为缺衣服穿，而是职场服饰恰恰满足了这一类用户关于"职业白领""职场精英"的身份认同；购买专业跑鞋、户外运动鞋，究其消费行为的根源，也是为了寻找"运动达人""健康活力"的身份认同感。

越是自由、宽松、价值观多元化的社会，大众越是需要寻找身份认同，这就为商家运用大数据锁定潜在客户提供了便利，同时也为商家吸纳精准流量指明了方向。

利用大数据锁定潜在客户，可以按照以下三个步骤来进行。

首先，分析既有的消费者数据。要想做好精准流量的吸纳工作，首先，必须充分了解自己的消费者群体。大数据就是我们了解消费者最好的工具，可以通过分析既有消费者群体数据的方向，为精准客户群体画像。其次，分析消费者群体数据，要重点分析消费者年龄、性别、经济收入情况、所在地区、职业因素、消费习惯、消费偏好、更容易受什么信息影响，从何渠道了解本品牌或商品等。这些信息可以帮助商家很好地画出潜在客户的画像。

其次，寻找与潜在消费者重合的内容社区。互联网像大海一样，有数不清的信息，但同时它又是由一个个大小不同、形形色色的内容社区组成的。俗话说，物以类聚，人以群分，无数拥有共同特征的人由互联网连接组成一个个内容社区。与寻找单个的、游离的消费者相比，当然是寻找潜在消费者群体更省时省力，更有效率。

如果是时尚、潮流的商品，小红书就聚集了大量的追求新潮、时尚、高生活品质的女性消费者，是潜在客户的聚集社区，因此可以将其作为数字营销的重要阵地；如果是母婴类商品，那么宝宝树则聚集着大量的孕妇、产妇、新手妈妈等，此类内容社区的用户与母婴商品的消费者是高度重合的，所以可以将其作为数字营销的重点区域。

然后，除了寻找与潜在消费者重合的内容社区外，有实力的企业还可以自己搭建内容社区，通过优质内容和高水平运营，来精准聚合自己的目标消费者，从而锁定潜在的有经济实力的消费者，实现精准营销。

2. 精准定位，划出自己的引流范围

在互联网时代，用户变得更加不可捉摸，碎片化的时间，碎片化的需求，多元化的兴趣爱好……传统商业领域中规模化的用户群被互联网拆分得七零八碎，用户群体越来越小众化、个性化。这意味着，商业的内在逻辑发生了重大改变，把商品卖给所有人结果往往是谁也不会买，只有聚焦小众人群，为其提供全方位、多维度的服务，才能在激烈的竞争中赢得一席之地。

如今，不少企业或品牌纷纷开始进行社群运营，本质上这就是一种更精准的用户定位。用户定位应该追求小而美、小而专、小而深。所有的商业都是在做人的生意，做好用户定位，想好自己要服务哪些人，摸准用户的喜好、习惯、行为特征和消费能力等才能真正节约引流成本，大大提升流量的市场转化率。

在开始引流的实际行动之前，要精准定位自己的客户群体，准确划出自己的引流范围，这样才能有效降低无效流量，节省获取流量的整体成本。那么，具体应该怎么做呢？

第四章 引流：一定要吸纳精准流量

（1）**用户洞察**。越来越多的差异化服务和近乎个人主义的精细化运营，让引流变得越来越专业化和小众化，因此我们必须从不同的角度洞察用户，想其所想，并且为其提供适合他们需求的优质内容，只有这样才能最大限度地吸纳精准流量。所谓用户洞察，就是商家要去收集、分析不同用户，明确要与什么样的用户打交道，有一个明确的用户方向，以帮助商家在进行用户定位时尽可能做到精准。

（2）**用户画像**。通过用户洞察明确了用户方向后，就要进一步收集更加详细、具体的用户信息，了解他们的年龄、生活场景、消费场景、使用产品的场景、性格爱好以及上网浏览内容的习惯等。具体来说，在做用户画像时，要了解两方面的信息：一是用户的消费属性，包括年龄、性别、种族、国籍、所在城市或地区等人口特征，收入、职业、社会阶层、家庭特征、生活方式等社会特征，冲动、保守、积极、沉稳、热情、冷静等个性特征，教育水平、宗教信仰、民族文化、亚文化、小众文化、爱好等文化特征；二是用户的消费行为，包括用户所扮演的角色，是信息提供者、购买决策者、购买执行者、决策参与者、使用者还是评价者，再有诸如使用时机、使用意图、使用频率、品牌黏性、用户体验等其他因素。

用消费属性和消费行为给用户画像，可以快速有效地建立起"谁接受—谁需要—谁购买—谁决策—谁使用"的逻辑链，从而把引流的目标人群划分为"尝试者、体验者、早期多数、后期多数、保守者"五大类，方便商家针对不同的目标人群提供差异化的引流方案。

从上面的五类目标人群划分法，我们可以描绘出一个抛物线。一般来说，引流内容如果能被10%的体验者所接受，就会进入爆发期；如果接受不了，就会迅速跌落。运用明星直播、优惠活动等可能会延长上升期，但不会改变目标人群的基本结构。这就要求我们务必要提高体验者对引流内容的兴趣度和满意度，只有这样才有可能实现精准流量的大爆发。

需要注意的是，如果你的用户定位都是某个领域中的专业人士，那么一定要匹配足够专业的引流内容、专业知识扎实的IP形象。只有足够专业的知识才能征服专业的用户，倘若做不到这一点，就会陷入班门弄斧的尴尬境地，无法打动用户，自然也就难以达成精准引流的目标。

用户定位并非是一成不变的，互联网、移动互联网在快速发展，用户也在与时俱进，随着社会文化、舆论、潮流等的变化，用户的兴趣、行为等也时刻处于一个动态的变化过程中，这就要求我们在用户定位问题上必须有发展的眼光，不可墨守成规，只有紧跟时代和用户的变化，才能在越来越激烈的流量竞争中立于不败之地。

3. 什么样的内容吸引什么样的人群

20世纪，大众获取信息、内容服务主要是通过电视、广播、图书、杂志、报纸等，内容服务提供商占据市场主导地位，他们提供什么，大众就接受什么，整个信息、内容服务行业都处于供不应求的状态，作为消费者

引流：一定要吸纳精准流量　第四章

的大众没有太多选择权。

而本世纪，互联网的快速发展则直接带来了信息大爆炸，今天，只要借助手机、电脑、平板等任何一个互联网终端都可以获取海量信息。在接受信息方面，大众逐渐获得了绝对自主选择权，在海量的信息面前，人们会自动选择那些自己感兴趣的内容，而彻底忽视其他内容。大众对内容信息的偏好，自然形成了用户分流。

今天，移动互联网流量天花板触顶已经成为整个互联网行业的共识。在难以获得新用户的情况下，引流只能进入存量战场，通过抢占用户的使用时间来巩固或扩大自己的市场影响力。那么，此种情况下，如何通过内容吸引更多用户，怎样在内容审美主导的用户分流中分得一杯羹，就成为摆在各企业面前的一个重要问题。

以今日头条为例，在给用户提供内容服务的同时，为了增加用户黏性，真正留住用户，其为用户提供了内容之外的附加价值：一是任何一个用户都可以注册成为今日头条平台的作者，通过发布内容获得关注和相应报酬；二是任何一个用户只要阅读了今日头条的信息内容，就可以获得相应积分，积分可兑换成金钱并提现。在这个商业闭环中，不管是单纯阅读内容的用户，还是职业的自媒体写作者，或者兼任两种角色，都可以从今日头条的平台上获得收益。此举确实是抢占市场的"撒手锏"，不少内容平台在初创期或发展期，往往会通过这种方式迅速"吸粉"。

从长远发展的角度来看，这种通过"利诱"干扰用户的内容审美与偏好的办法注定是走不远的。原因有二：一是"利诱"来的用户，实际上并不忠诚，一旦其他平台开出了更好的条件或平台的"补贴政策"有调整，他们就会弃原平台而去，奔向"福利"更好的平台，而原平台就不得不面对用户大量流失的局面，甚至有的用户就是单纯冲着平台的"利"来的，拿完丰厚的"补贴"就立即卸载的"羊毛党"不在少数；二是用户的内容审美与偏好是一个相对稳定的因素，并不会因为某个平台的"利诱"就发生大的改变，"利诱"的策略注定只能短暂起效，要想真正留住用户，关键还是要抓住用户的内容审美特征。

内容是平台的基础，也是商业增长的核心。在互联网平台上，任何人都可以创作有价值的内容，成为内容提供者。从广义上来说，自媒体的内容范围很广，但切记不要试图让创作的内容能吸引全部用户。优秀的内容确实更抓人，但用户的内容审美习惯是不可忽视的重要因素，一篇写健身的文章，写得再好也难以吸引非健身人士。精准选择用户，为特定群体的用户提供更优质、更具吸引力的内容，才是长久生存之道。

大数据是深度了解用户内容审美习惯的给力工具，今日头条发布的《城市光谱——2018年上半年网民阅读偏好研究报告》显示：女性喜好在晚间进行"夜读"，男性更喜欢"深夜读"，一般男性在早晨打开手机后更偏好阅读新闻等资讯，随着时间推移，男女通过手机的阅读偏好趋同。

从晨读的内容上来看，财经类文章是每天最早被高频度阅读的内容，科技和国际新闻仅次于财经。从地区来看，边境线附近部分城市的人们偏好阅读军事资讯，东三省的人们偏好阅读娱乐资讯，华东沿海地区城市的人们偏好阅读财经资讯，中部地区城市的人们更偏好阅读教育资讯。此外，不同年龄的人群在内容阅读上也存在偏好差异，18～23岁的网民对基于移动互联网阅读的依赖性更强，50岁以上的中老年人群对移动互联网的

引流：一定要吸纳精准流量 **第四章**

依赖性则较弱。

深入研究不同年龄、不同地区、不同性别用户的内容阅读偏好，对于吸纳精准流量至关重要。在用户分流越来越精细化的大背景下，妄图抓住各类用户是不现实的，也是极其危险的，只有深耕某一类人群，借助大数据对用户的"指尖行为"清晰画像，才能为用户提供更精准的优质内容，真正达到吸纳精准流量的目的。

4. 新鲜有趣是吸引年轻人的核心

如果把用户比喻成大海里分散的各种"鱼"，那么商家就是钓鱼的人，要想实现引流，商家就一定要用用户感兴趣的"鱼饵"。年轻人是互联网上最活跃的群体，也是最为优质的客户群体，从商业价值来说，对于绝大多数产品而言，吸引年轻人是引流中非常重要的工作。

那么，年轻人容易被什么样的内容吸引呢？新鲜有趣，是当代年轻人的注意力标签。要想吸引年轻人，商家就要抛出一个好玩、有趣的话题，让用户喜欢或者愿意参与进来。这里的好玩的话题就是"鱼饵"，只有抛出的"鱼饵"是"鱼儿们"喜欢的，才能把"鱼儿们"吸引过来。

如今，"带着用户玩"已经成为引流的高效方式。以我们日常生活中非常熟悉的支付宝为例,支付宝上除了付钱、收钱、花呗、借呗等一系列实用性功能外,还为广大用户设计了各种好玩的"活动",比如通过记录步数进行排名形成了一个"体育类"竞技游戏;"蚂蚁森林"则通过收集能量种树获得环保证书的方式,构建起一个"种植类"排名游戏。此外还有天天抽奖、天天红包、砸蛋等活动,"朋友"功能可与朋友转账、发红包、聊天等。支付宝以实用功能为依托,以多种多样的游戏、活动等为血肉,为用户构建了一个集使用、娱乐为一体的虚拟世界。"支付宝在手,天下我有",好玩的活动大大增加了用户的活跃度。

吸引用户只是第一步,接着,商家需要与聚拢来的用户建立起强信任关系,这就需要与用户进行互动。商家可以通过更多话题或线上活动、聊天交流等多种方式逐渐与用户建立起深度的信任关系和朋友关系。商家可以运用用户的"趋利避害"心理,将自身与用户开心的情绪连接起来,让用户建立新的思维联想,当用户感到开心、高兴时就立即想到商家组织的好玩活动,这时用户留存工作就成功了一大半。

不同用户感兴趣的事情不一样,喜欢玩的游戏、愿意参加的活动也不一样,如此就要求商家对用户进行分级、分类、分阶段,这是带着用户玩什么、怎么玩的重要行动框架。

用户分级,即根据用户的不同市场价值将其分成优先级和非优先级等多个等级。任何一家公司的引流资源都是有限的,为了能够让有限的资源在引流中发挥最大价值,商家需要把有限的资源匹配到最优质的用户群体中,这就需要做好用户分级。在实际商业领域,用户分级是一种非常常见的策略,比如网游公司,会专门派工作人员挨个加"土豪大户"的微信,

第四章 引流：一定要吸纳精准流量

为其提供一对一贴心服务，第一时间解决他们的BUG反馈等问题；比如阿里巴巴在淘宝网的基础上打造了天猫平台，把优质的大型商家与中小草根买家成功进行了分级等。

用户分类，即根据用户的行为，如使用时间、活跃时间、购买记录、活动参与情况等对用户进行分类，分类的具体标准不同。不同公司有不同的分类办法，有的按照地理位置划分；有的按照注册时间的长短划分；有的按照使用频次划分。大数据精准的"用户画像"可以为用户分类提供切实可靠的依据。

在实际商业运用中，用户分类可以为商业运营提供决策支持，比如用户更偏好阅读财经类的内容，那么针对这一类用户的运营策略就是为其推送更多、更优质、更及时的财经类资讯等；对于参与活动频次高且晚上异常活跃的用户，在晚间为其推送更多活动显然更加合适……总的来说，用户分类越细致、越准确，商家的引流策略就可以更精细化，转化率也会更高。

用户分阶段，即以时间维度为标准对用户进行划分。针对处在不同时间维度中的用户，要采用不同的引流策略。以网游行业为例，对于刚刚下载游戏首次登录游戏的用户，一般都会发放"新人大礼包"，鼓励用户玩游戏；对于已经玩了很久的"老玩家"，奖励主要以任务奖励、升级奖励为主，同时借助"新皮肤""新技能""新武器"等吸引用户，并引导用户通过充值来升级装备等。

总的来说，要想做好引流、留存、转化工作，就一定要找准目标用户感兴趣的点，只有这样才能对症下药，实现事半功倍的引流目标。

5. 严谨专业背后又是一种流量人群

互联网是人们工作、生活中必不可少的重要工具。互联网除了可以满足人们购物、娱乐、社交等需求外，还充当着"智囊团""老师"的角色。遇到难以解决的问题，问百度；碰到专业性问题，到知乎上提问看专业网友的回答；希望学习更多工作技能或方法，可以在线报名学习相关课程……这是人们通常的做法。

众所周知，娱乐社交背后有着非常巨大的流量人群，不少企业也早已瞄准了这些流量；但严谨专业领域背后的流量也不容小觑。一般来说，娱乐社交背后的流量人群与严谨专业领域背后的流量人群，其特征明显是有差异的。

一是严谨专业领域背后的流量人群，其上网目的是为了获得专业性知识、学习专业技能等。也就是说，谁能够为这部分用户提供正确、精准的专业内容服务，谁就能够吸引到这一大批优质流量。

二是严谨专业领域背后的流量人群，其稳定性、黏性要远比娱乐社交背后的流量人群高。毕竟网上社交娱乐的信息那么多，在哪儿都行，换一个平台说不定更好玩；但高水平的专业内容平台却没那么多，一旦通过专业内容赢得用户后，反倒不容易掉粉。

三是严谨专业领域背后的流量人群，对引流内容的要求更高，主要体现在两个方面：对内容的输出者要求高，要求其必须是有一定专业背景、

第四章 引流：一定要吸纳精准流量

掌握一定专业知识的人群；对内容本身的要求高，必须精准、即时、正确，有谬误或过时的内容是难以聚集大量专业性流量人群的。

与娱乐社交的流量相比，严谨专业领域背后的流量要少得多，但千万不要以为这类流量少到没有商业开发价值，相反其所蕴含的商业价值是非常惊人的。

由"'罗'辑思维"推出的得到APP，上线短短一年，用户数就超过了736万人。罗振宇、薛兆丰、宁向东、何帆、万维钢、武志红、吴军、梁宁、施展、刘润等专业人士的加入，使得得到APP在非常短的时间内就聚集了大量优质流量。此外，知乎平台上也聚集着非常大量的专业内容输出者，比如丁香医生、越女财经等。

互联网完全重塑了人与知识之间的关系，终身学习、随时学习成为当代社会的刚需。科学技术的快速发展，工作技能的更新换代，都催生了大量的专业内容需求，这些需求进而形成了庞大的流量人群。

需要注意的是，并不是所有产品都适合挖掘此类流量，一般来说，"专业器材""专业设备""专业类书籍""专业类课程"等产品比较适合以严谨专业的内容来引流，生活用品、娱乐产品等则不宜采取这种引流方式。我们要根据产品自身特点或服务的特性，来筛选合适的目标客户群，进而确定引流方式。

俗话说，"物以类聚，人以群分"，虚拟网络空间的社交同样如此，在特定的社交空间或群组中，聚集的都是拥有一定共性的人，这就使得"病毒式传播"成为可能。对于企业来说，以社交领袖为核心点，充分运用互联网催生的这种新型社交关系来塑造影响力，引流时就可以达到"原子核裂变"的惊人效果。

6. 聚焦社群：精准引流可以很简单

知名作家蒋方舟曾在《精英决定去死》一文中，深刻阐述了互联网变革信息传递方式所带来的媒体权利结构，在这场变革之中，传统的"精英"阶层一定会走向没落。

蒋方舟直言不讳地写道："在新的世界中，每个人手上的智能手机都是信息发布的平台，记者作为'事实精英'，失去了距离真相最近的优势；在消费世界中，文化只是消费品仓库中黯淡而落灰的角落，学者作为'评价精英'，丧失了评价好卖相、好品位的文化产品的优势；更勿论知识分子，作为'观点精英'，声嘶力竭也难以让自己的意见在如潮水般的声音中跳出。"毫无疑问，互联网的"去中心化"特征正在给世界带来新的改变。

一是超级链接网络，让传统"意见领袖"的影响力不可避免地走向衰落。互联网有最强悍的及时性，多种多样的社交工具，让大众可以突破时间、空间、语言的限制，与更多人建立更多样化的连接，且每一个上网的人，既是一个信息接收者，同时也是一个信息产生者，信息的产生与传播变得像万花筒一样,在单向传播时代形成的"意见领袖",其影响力必然会走向衰落。

二是"场景"的去中心化,将大众分拆成了无数小众,又细分成了无数极具个性的小群体。有互联网业内人士认为,互联网去中心化本质是"场景"的去中心化。传统时代,大众的社交、消费场景是相对来说固定、单一的,比如购物,绝大多数人都只能去所在地的一个或多个市场,难以有其他选择;观看节目,只能通过电视机选不同的电视台。互联网解构了中心化的"场景",今天的社交,既可以在线下,还可以在线上,线上社交又有很多社区、社群、社交工具等。这种"场景"的去中心化,使得大众变成了数不清的小众,追求个性的年轻人们,在互联网上突破地理位置的限制,组成了很多小群体。

你喜欢看剧,我更愿意刷抖音;你没事就翻看小红书,我闲暇选择看知乎;你看各种各样的手工达人,我喜欢各式各样的动漫人物……在互联网的海量信息中,不同人的内容偏好不同,于是便以兴趣点为核心,形成了一个个内容社群。

在流量越来越贵的用户存量时代,内容社群就好比是一个蕴藏着巨大流量的蓄水池,这里的用户因兴趣或某种共同点而聚集在一起,是精准引流的绝佳地。与在茫茫互联网大海中寻找分散用户相比,找到与自身产品相匹配的特定内容社群显然更有诱惑力,找到了内容社群就相当于挖到了一个可持续发展的固定用户群,精准引流就变得十分轻松容易。

聚焦社群,是做好精准引流的一个必然。人群在网络上的多中心化聚集,可以有效提高引流的精准度,什么群体需要什么商品、适合销售什么产品等都是可以进行量化分析的，有助于提高现代企业的精准引流效率。

社群时代已经到来，对于今天的引流工作来说，单纯追求用户数量的引流原则早已不适用，追求精准流量，下沉到社群进行更加精准的引流才是当下及未来的发展趋势。

7. 打造人格化IP，让用户主动来找你

如果说互联网是浩瀚的海洋，消费者的目标——购买商品是鱼的话，那么今天的消费者愿意为"抓鱼"付出的精力和时间正变得越来越少。当下，消费者需求越来越碎片化，甚至越来越粉尘化。对于绝大多数消费者来说，他们并不愿意在一家企业或某个商品上浪费太多时间，越丰富就会越枯竭。今天的引流已经不仅仅是向大众传递信息这么简单，而是升级为一场争夺大众时间的商业大战，谁能够占有客户更多的时间，谁就更接近于成功。

当前的引流手段非常多样化：有投入天价广告费来引流的，比如"猿辅导""火花思维""作业帮"等线上教育机构；有冠名热门综艺节目、热播剧来引流的，比如京东与吐槽大会的合作；有通过视频展示、直播、网红带货等多种场景来引流的，比如阿里平台；有采用赠送优惠券、抽

第四章 引流：一定要吸纳精准流量

奖、免费试用等方式进行引流的；有聘请明星、名人进行深度代言引流的；还有深入细分市场通过举办各类活动、会议进行引流……诚然，这些引流方法确实是有效的，可面对越来越白热化的竞争，引流只做到这些显然还远远不够。

在快速迭代成长的互联网消费时代，引流逻辑的核心正在悄然发生着改变，以"产品"为中心的引流越来越"吃不开"，情感、价值观、生活方式等优质内容的引流异军突起。

对于消费者来说，要想短时间内在信息的汪洋大海中对某一款产品建立信任变得越来越难，这导致其消费行为出现"去功能化""样本化"的趋势。从众效应下，无数消费者成为被大数据裹挟中的一员，哪个销量高就买哪个，哪个评论多就买哪个，已经成为不少人网络购物的行为习惯。常规的引流手段正在变得越来越苍白、越来越无力。在这种情况下，打造IP，通过激发IP的巨大影响力来占据引流制高点成为一种必然。

所谓IP，简单来说就是赋予品牌或产品一些"拟人"的功能和元素，把真人IP和品牌、产品联系起来，从而形成一个基于"人格化"的引流闭环。IP引流的最大特点是，借助"人"的形象与用户建立情感关联，使用"拟人"化的语气语态与大众沟通，可以真正实现从"努力去找用户"到"让用户主动来找你"的转变。

在互联网上，消费者呈现无限分散的状态，怎样在这个分散的商业世界里大声喊出自己的声音，并让目标客户主动来找你，是每个引流人员都要面对的难题。

建立一个"高识别度"的人格化形象，对于提升引流效率的作用是显而易见的。商品功能会雷同，但人格化IP却可以"与众不同"，独一无二的人格化IP形象可以让大众快速认识你、记住你并主动来找你购买商品。

那么，怎样才能成功打造一个极具引流价值的人格化IP呢？

首先，一定要做好人格化IP的形象定位。自然人、产品、品牌等都可以作为打造人格化IP的对象。以房产销售人员为例，除了发布房源等直接营销信息外，还可通过短视频、朋友圈、网络发帖等多种方式记录工作、生活、感想、见识等，给自己打造一个"专业""靠谱""负责"的人设，如此一来更容易拉近与消费者之间的关系，提升引流效率。人格化IP的形象定位需要引流人员深入了解市场情况，对消费者更喜欢哪类特质的人有清晰认识，只有这样才能找准"人设"，做到"人见人爱"。

其次，必须要大量积累粉丝和用户。如果粉丝和用户数量过少，那么即便是打造了人格化IP，也得不偿失，毕竟打造一个成功的人格化IP，必然会花费大量的时间、精力，甚至是金钱等，如果引流产出不能覆盖投入，那么人格化IP的打造工作必然会"烂尾"。

总的来说，人格化IP是融合了用户个人情感和性格烙印而建立起来的一种标签，一旦建立了人格化IP就不要随意更改其定位，否则必然会引发用户的信任危机，给引流工作带来巨大损失。

第五章

连接：搭建为我所用的流量池

1. 从流量思维转变为用户思维

在互联网发展初期，流量是电商的核心逻辑，谁获取的流量多，谁就能够赚到更多钱。彼时，互联网还是一块待开发的商业处女地，流量就像大海中的水，任何内容都可以聚集大量流量，哪怕只是简单转载一篇文章，都能得到10万+的浏览量。

流量思维，成为当时电商经营的主流思维。其中最为典型的就是百度等搜索引擎的竞价排名，可以说，这种盈利模式的诞生，本身就是流量思维在现实商业社会中的实际体现。正是由于电商诞生之初，玩的就是"流量"，因此，电商也成为被流量思维捆绑得非常紧的行业。即便是今天，淘宝直通车、置顶推荐等还是遵循着流量思维的模式在运转。

对于电商来说，这是一个流量越来越贵的时代，也是一个获取流量越来越难的时代，还是一个不得不转变思维的时代。互联网、移动互联网的流量已经见顶，再也没有大把的新增用户，流量之争已经进入存量竞争的时代。客观环境促使我们不得不做出改变，从流量思维转变为用户思维，是互联网电商发展的一种必然。

硅谷科技思想家、《连线》杂志创始主编凯文·凯利，被人们亲昵地称为KK，他在《技术元素》中发表的那篇《一千个铁杆粉丝》的文章广为人知。KK认为："要成为一名成功的创造者，你不需要数百万粉丝。为了谋生的话，作为一名工匠、摄影师、音乐家、设计师、作家、APP制

第五章 连接：搭建为我所用的流量池

造者、企业家或发明家，你只需要1000个铁杆粉丝。"那么什么样的粉丝是"铁杆粉丝"呢？对此，KK的定义简单而直接，即"购买你任何产品的粉丝"。在难以获得新用户的情况下，最大限度地开发已有用户的商业价值，这就是用户思维。

在互联网数字时代，用户数据是企业最为重要的战略资产。精准地留住用户数据，和用户进行长期互动，是"用户思维"的核心本质。如今的大数据技术，为企业搜集和分析用户数据、打造高质量的数据资产提供了极大便利。

淘宝、京东、当当、拼多多、今日头条等，无一不实现了"千人千面"的功能，即根据每个用户的搜索习惯、浏览习惯等推送其可能更感兴趣的商品或内容，如此"个性化"的服务，其实现基础就是大量的用户数据。

在越来越透明的互联网信息环境中，我们需要做出相应的改变，应当主动追求从流量思维到用户思维的转变，积极对用户的商业价值进行深度开发，让用户能够参与其中，体验产品生产过程中的绝大多数事务，并以此来增强用户的黏性和忠诚度。

流量思维虽然有效，但只能让产品"红火"一时，当流量快速散去，什么都不会留下，君不见诸多"网红产品"，红的速度快，过气的速度也快。在互联网海量信息面前，大众的注意力变得越来越分散，即便是热点，也会快速被大众抛在脑后遗忘，只有转变思维，以用户思维去搭建为我所用的流量池，积累自己的粉丝，乃至铁杆粉丝，才能使电商获得持久发展。

互联网上，抢夺流量的本质其实就是在抢夺用户的时间和注意力，一切流量背后最终的落脚点一定是用户。注意力经济时代已经过去，社群时代已然到来。单纯追求流量多少的做法早已经发生了质的改变，自建私域流量池，下沉到社群进行更加精准的用户服务才是电商发展的主流趋势。

2. 搭建适合自己的流量池

流量池，简单来说就是利用多种方法、手段，借助多样化的渠道获取流量，并把流量聚集到特定的平台。流量池的好处就在于，可以把一部分流量储存起来，从而通过对初期流量的续存运营，最终实现获得更多流量、提升已有流量转化率的目的。

一般来说，可以用作流量池的工具很多，既可以是自己开发的网站、APP、小程序，也可以是微信公众号、头条号、知乎号、直播号等，还可以是微信群、QQ群，商家可以根据自己的实际情况，选择适合搭建自己流量池的工具。

具体来说，搭建流量池主要有以下两大方法。

（1）**免费方法**。互联网的庞大功能，为我们提供了不少搭建流量池的免费方法，这类方法的优点是成本低，缺点是没有付费类方法的效

连接：搭建为我所用的流量池 **第五章**

果好。

总的来说，免费方法主要有三大类：一是软文，比如博客、论坛、文库、社区以及包括百家号、头条号、网易号、知乎号、简书、小红书、搜狐号、微信公众号等在内的各种自媒体账号；二是视频，视频是目前最热门的引流工具之一，从抖音、快手、秒拍、西瓜视频、火山小视频、美拍等短视频，到腾讯、爱奇艺、优酷、搜狐等视频网站，再到斗鱼、一直播等直播平台，都可以进行免费推广引流；三是问答，目前互联网上的问答类社区不少，比如百度问答、搜搜问问、天涯问问、知乎问答等。

此外，使用QQ群、微信群等看似比较笨拙的方法，实际上也是一种非常有效的引流方式。成本低、方便、易操作、门槛低，以此作为流量池，只要运营得好，照样可以实现用户商业价值的深度开发。

随着互联网信息的爆炸式增长，今天的免费引流方法效果正在变得越来越差。经过一段时间的"野蛮"发展，互联网上的传播话语权正在被少数IP抢占，草根式的信息想出头变得越来越难。这就要求商家在使用免费方法时，一定要把内容做好、做出彩，尤其是要符合当下年轻网民的喜好，只有这样才能真正吸引到他们的注意力。

（2）**付费方法**。付费引流的方法也有很多，比较常见的有：线下活动、线上活动、KOL推荐、明星直播、平台付费宣传、专业宣传团队等。商家可以根据自身产品的特性、资金实力、目标客户群体等综合选择合适的付费引流方法。

需要注意的是，并不是所有商品都适合打造流量池。一般来说，有复购需求的商品比较适合做私域流量池，如果想做好自己的流量池，就不能把思维局限在微信号、微信群上,而应该把公众号、APP、小程序等都串联起来,采用多种方式尽可能多维度地触达用户。

一定要谨记一个原则:只靠套路和技巧是很难经营好流量池的,关键是要给消费者提供独特的价值。虽然建造流量池可以大大提高销售量,但不必把所有顾客都装进流量池。搭建为我所用的流量池,请先关注那些有高价值且愿意主动靠近商家的用户,这些用户能够为商家带来更多的惊喜。如果已经决定了要做流量池,那么最好的时机是越早越好,想到就要做到,不要拖延,在引流方面,行动力就是生命线。

3. 疏通好流量的沉淀留存之路

这是一个属于电商的时代,但并不是所有电商都可以赚得盆满钵满。当前,电商领域中的两极分化现象越来越明显,一方面,京东、淘宝、拼多多等大型平台风光无限,每一个购物节都能赚得天文数字的巨大财富;另一方面,很多中小型电商正在遭受着越来越严峻的引流难、转化难、留存难、复购难的问题。

在数字经济时代,要想疏通好流量的沉淀留存之路,就必须掌握引流、转化、留存三大技能。

第五章 连接：搭建为我所用的流量池

（1）**引流**。要想做好引流工作，就要重点解决"引流难"的路径问题，通俗来说即多开辟一些可以捞鱼的鱼塘，鱼塘多了，自然可以捞到更多的鱼。在小红书、大鱼号、百家号、今日头条、时尚达人直播、时尚论坛等平台同步发宣传软文，就属于鱼塘多销策略。一方面，商家要尽可能地多撒网，在尽可能多的网络平台发布宣传软文；另一方面，商家在选择软文发布平台时，要选择那些与产品消费者相关度更高的平台。

构建自己的私域流量池也是引流的好办法。比如可以通过建立自媒体、用户群、微信号等，构建起关键意见消费者可辐射到的圈层。私域流量可以把用户沉淀下来，从而促进其多次重复消费，成为商家的熟客、常客、义务宣传员。

（2）**转化**。并不是每一个看到推广信息、点击进来的人都会购买商品成为消费者，从点击量到成交的转化是一个无比艰难的坎。要解决"转化难"的路径问题，可以通过红包返现刷好评、人文关怀的方式来进行。

好评＋关注就可以领红包，是电商领域中最常见的营销方式，具体做法很简单，随商品一块送达印有二维码的红包宣传单，消费者拿到商品时扫二维码关注店铺或账号并好评就可以领到红包，这种营销方法的妙处在于商家可以将消费者沉淀到自己的"鱼塘"里，方便后期进行用户管理和促销活动宣传，可以有效提高消费者的复购比例。

人文关怀的方式是多种多样的，比如生日送祝福、节日送祝福、售后回访、送优惠券等，如今依靠技术对所有粉丝设置自动化送祝福、智能客服自动回访等早已经是一件非常简单容易的事情，这种方法不会花费多少营销成本，但可以拉近与用户的距离，提高用户黏性，大大提高用户转化率。

（3）**留存**。用户的留存涉及多方面因素，既受到产品质量方面的影响，也受到售后服务等方面的影响，营销只是其中一个因素。对于营销人员来说，要想做好老用户的留存工作，就要做好用户画像和标签分组工作，以高效沟通、个性化运营作为提高复购率的切入口。高效沟通，即要快速高效地响应用户需求，如此一来，自然可以降低因响应不及时导致的用户流失；个性化运营，即对不同的用户施加个性化的精准营销动作，如通过模板消息按标签群发促销信息等，可以精准、有效触达用户，有效提高用户的留存率。

从引流到转化再到留存，这是一个一环扣一环的严谨过程，一定要有大局思维，能够站在宏观角度，掌握专业技能，只有这样，才能更好地帮助电商企业做好从吸粉到固粉的流量池运营工作。

4. 媒体矩阵：触达更多目标用户

搭建好自己的流量池，疏通好流量的沉淀留存道路后，接下来要做的重点工作就是与更多目标用户建立尽可能更加多元化的连接，为流量池打造一个永不枯竭的"活水"源头。

第五章 连接:搭建为我所用的流量池

在互联网时代,怎样让自己喊出的"声音"触达更多人呢?方法一:让自己喊的声音更大,也就是增加影响力,从而让更多人听到自己的声音,体现在媒体运营思路上即打造超级个人IP。方法二:让更多个人在不同的地方一起喊,如此一来自然也能让更多人听到自己的声音,体现在媒体运营思路上即"媒体矩阵"。

所谓"媒体矩阵",简单来说就是能够触达目标群体的多种媒体渠道组合。从目前的媒体矩阵类型看,主要有纵向矩阵与横向矩阵两种。纵向矩阵是指企业在某个媒体平台上,根据各个产品线进行纵深式媒体布局,比如在微信平台上,就可以布局小程序、个人号、公司号、社群、服务号、订阅号、公众号等;横向矩阵是指企业在全媒体平台的整体布局,如企业在头条、搜狐、微博、知乎、抖音、快手上开通媒体号,同时自建APP、用户社群、网站、直播间等。

在具体实际应用层面,一个企业可能会有多个品牌,一个品牌又会横向矩阵与纵向矩阵相交叉,同一个公司旗下的多个品牌之间又存在这样或那样的复杂关联,媒体矩阵中的宣传内容呈现方式又有所差别,既有图文,又有动图、视频、直播等,在同一个平台,还可以开通多个姊妹号、母子号等,各种因素相互交叉,进而会形成一张纵横密布的媒体矩阵网。

打造媒体矩阵是现代互联网企业"绕不开"的必经之路。当"大众"越来越趋于"小众化",要想让自己的营销信息触达更多用户,赢得更多用户的关注,就必须让营销内容多元化。公众号上图文展示,抖音以短视频为主,营销内容多元化才能吸引不同的受众群体。鸡蛋不能放在一个篮子里，这一定律在互联网媒体营销领域同样适用，如果媒体平台单一，那么一旦出现"黑天鹅事件"，辛辛苦苦运营的账号瞬间就会被封禁，建立媒体矩阵是分散用户运营风险的一种可靠办法，多个媒体账号形成的矩阵中，其中一两个被封禁，虽也有影响，但不至于满盘皆输。

媒体矩阵可以通过不同的媒体渠道建立触达用户的媒体内容，基于互补的原则完成对用户触点的立体式全面覆盖。

那么，我们应该如何打造自己的媒体矩阵王国呢？

（1）**明确建立媒体矩阵的目的**。要想建立媒体矩阵，第一个要考虑的问题就是建立媒体矩阵的目的，我们想通过媒体矩阵实现怎样的目标，就要把建立媒体矩阵这件事放在什么样的优先级上。只有明确了目的，才会有判断媒体矩阵价值的标尺，才能最终科学决策是否有必要建立媒体矩阵。

（2）**明确媒体矩阵的归属**。在不同的企业内部，媒体矩阵的管理归属有不同的情况，有的归市场部管理维护，有的交给运营部维护，也有些是专门成立了新媒体部门负责整个媒体矩阵的搭建及维护工作，还有的是采用了运营外包的方式。只有确定了归属，才能明确媒体矩阵的财务预算、人员安排和工作任务等。

（3）**搭建媒体矩阵**。搭建媒体矩阵的策略一般有两种：一种是"裂变"搭建方式，即先开通运营一个主号，当主号具备了一定的影响力之后，再开通其他姊妹号、母子号等，从而搭建起一个趋于完整的媒体矩阵；二是"齐头并进"的搭建方式，即同时在多个媒体平台上开通运营多个账号，同步运营，俗话说"东方不亮西方亮"，众多账号中，总有表现

第五章 连接：搭建为我所用的流量池

好、传播效率高的高价值账号。

需要注意的是，媒体矩阵的内容要遵循轻产品、重传播的原则，与直接宣传产品相比，吸引目标用户带来流量才是更重要的事。此时，不妨在媒体矩阵中为用户建立积分体系、开发娱乐小游戏、打造社交圈子等，这有助于商家组建一支"种子用户"队伍，为后期的裂变引流打下坚实的基础。

5. 多渠道合作，越多连接越多流量

多渠道合作，本质就是与客户建立连接，越多连接意味着越多流量和越大的商业价值。我们要多渠道、多方式与客户建立连接，且是更密切的连接。

如果说为我所用的流量池是一座城市，那么外链就是一条一条的道路，每条道路的起点都不相同，但终点都是流量池。外链，也叫导入链接，是从互联网上别的网站导入到自己流量池的链接。

外链的形式并不是固定单一的，而是多元化的。那么，外链的常见形式都有哪些呢？

一是纯文本URL外链，也就是不能点进去的链接，就像我们用记事本

编辑一些资料的时候，呈现出来的纯文字内容就是纯文本的URL，比如我们在百度知道中看到的答案就属于纯文本URL外链的一种。

二是锚文本外链，也叫超文本链接，它可以给一些链接加上关键词，搜索引擎会将链接和关键词联系起来，这种外链非常有利于提升网站的权重，还能让关键词快速产生排名。

三是新媒体外链，这是一种伴随着新媒体的快速发展而出现的一种新型外链，软文、直播中都可以插入网站的链接。这种外链的针对性很强，可以最大限度地吸引目标群体点击。且新媒体外链以内容为主、营销为辅的原则，使得其内容更具价值，更易被受众所接受，增强受众的黏性。

外链平台的好坏直接关系到外链的引流效果，因此商家一定要重视外链平台的筛选工作。一般来说，寻找高质量外链平台要遵循三大原则：一是收录快，只有被收录的外链才能被搜索引擎搜索到；二是有一定的相关性，倘若外链平台的用户群体与目标受众没有任何相关性，不是同一个群体，那么即便能带来流量，也都属于无效流量；三是外链的作用主要是引流，所以要寻找那些高相关性、具有共同群体特征的平台作为外链平台的首选。

打造高质量外链的常见方法有以下四种。

（1）问答类。百度知道、搜狗问答、知乎问答……互联网上的各大平台都有相关的问答板块，商家可以在流量大、受众群体与自己的目标群体相关度高的平台上，通过问答类板块来设置问题自问自答，在这个过程中留下相关营销内容或链接等。需要注意的是，不同平台对问答板块管理各有差异，规则也不尽相同，在使用问答设置外链前，要熟悉规则，以免被视为作弊，枉费金钱和精力，甚至会被封号。

（2）百科类。百度百科、360百科、维基百科、互动百科……目前，互联网上的百科类平台不少，且是广大网友们使用较多、点击量很高的平台，商家可以通过这些百科类平台来设置企业的外链。需要注意的是，百科类平台通常都有一定的审核期和审核规则，只有对规则熟悉才能顺利通过审核，被各大搜索引擎收录。

（3）视频类。当前，我们正在被各种各样的屏包围：手机屏、平板屏、电脑屏、电视屏、车载屏……在一个处处是屏幕的时代，视频早已经成为一种主流的传播方式。在流量火爆的视频下评论并留下链接、与直播网红合作在视频中直接宣传等，都是非常不错的打造高质量外链的方式。此外，营销人员还可以自己动手制作趣味视频，把链接和营销内容融入到视频当中，通过推广视频的方式来引流。

（4）软文类。小红书、宝宝树、知乎……五花八门的社群，聚集着大量的具有同样特质的网民，在这些平台上发布高质量的软文，是打造高质量外链的非常好的方法。而且，软文本身具有很好的自我传播性，一篇好的软文会被众多网友转载，从而形成"病毒式"传播，如此一来，一个高质量的外链可以分化为无数个外链，实现更大程度、更大范围的引流。

除此之外，市场上还有不少专门为企业提供营销推广"一站式"服务的供应商，以云搜宝优化平台为例，PC端的百度搜索、谷歌搜索、360搜索、搜狗搜索和移动端的手机百度、UC搜索双端多平台展示引流，系统可根据关键词冷热程度定价，并自动记录每个关键词每天的排名位置，达标一天，系统自动扣一天费用，全国区域范围内展示，24小时排名稳定在线，还可以出具流量来源分析和用户搜索使用占比的相关报告。

与单打独斗去建立更多引流渠道相比，选择这种"一站式"服务要快速、高效得多，能够帮助商家在较短的时间内建立起多渠道合作，为全方位的引流打下坚实的基础。

在实际的经营活动中，部分商家会选择建站来作为自己的流量池，这时选择一家靠谱的合作商也能大大提高引流效率。以商易通为例，其从品牌、建站到流量、运营、认证全链路打通，赋能中小企业发展，从百度采购、智能装修，到双平台引流、流量曝光，再到企业名片、百度认证，还可以根据买家画像和行为分析，将买家询盘和采购信息精准匹配给卖家，这种"一站式"的电商解决方案，可以更好地帮助商家建立更多链接，获取更多流量。

如今，"一站式"服务商的服务越来越专业化，以找商网平台的产品服务"易销车"为例，其可以为商家提供五大分析报告：一是竞品分析，包括排名出价、广告文案、投放落地页、投放时间、双端比重等；二是产品分析，包括产品卖点、产品旺季、服务承诺、厂家实力、品牌影响等；三是用户画像分析，包括人群属性、购买偏好、搜索习惯、品牌喜好、兴趣爱好等；四是关键词分析，包括关键词拓展、出价优化、搜索词优化、转化词提升、排名提升等；五是数据分析，包括展现量、点击率、跳出率、访问深度、转化率等。互联网时代，数据就是资源，掌握数据者，在引流中可以做到有的放矢，从而更精准地搭建通往流量池的多元化渠道。

第五章 连接：搭建为我所用的流量池

6. 多IP推广，让名人为你引流

商家在搭建了自己的流量池后，最重要的事情就是引流。引流，简单来说也就是和更多的客户、更多人建立起连接，只有建立起连接，才能把产品或品牌的信息传达出去，从而为销售打下坚实的用户基础。

所谓多IP推广，就是说一定要建立多元化的推广渠道，在互联网时代，只与一个IP合作推广，是很难有水花的，唯有采取多IP同时推广的方式，才能真正扩大推广的力度，形成规模效应，最终达到引流的目的。

让名人引流，也就是让名人去推广宣传产品或品牌，是一种非常有效的引流方式。不管是在电视广告雄霸天下的过去，还是在视频直播成为全民关注焦点的今天，名人推广宣传一直是"热度看得见"的最有效的引流方式之一。

郭富城与快手电商达人辛巴合作，5秒卖出5万瓶洗发水；李湘淘宝直播间2小时卖出一个亿的美的空调；王祖蓝在快手上直播12分钟卖出10万份面膜，成交额660万元；刘涛直播带货竟然卖房，百万公寓10秒卖10套，其中最贵的价格高达528万元，最便宜的也要386万元……

"名人＋直播＋电商"的形式，正在极速颠覆直播、电商、名人三个领域的传统业态。自带流量和话题的名人，在直播吸粉带货方面，远远要比普通的小网红、小主播更具优势。

从本质上来说，名人直播就是一种新形式的代言，只是代言的场景从秀场、机场、街拍转移到了网络直播间，作用也从最开始的宣传、品牌推广延伸为集商品宣传、品牌推广、产品促销和购买一条龙的新模式。如今的名人直播用一种更接地气、更靠近用户的方式赋予了品牌新效能。

为了积极应对拼多多的崛起，阿里巴巴不断加码名人主播的招募，尤其是聚划算直接引入影视明星，通过明星自带的流量和明星效应来吸引广大消费者，并试图以此来完成对拼多多的弯道超车。通过重金签名人的方式来吸引流量、收割流量是一种非常快速有效的吸粉方式。

目前，刘涛已正式加入阿里巴巴，成为阿里巴巴聚划算官方优选官，花名"刘一刀"；景甜入职阿里巴巴，担任"聚划算美丽种甜官"，花名"种甜"，寓意为给大家推荐品质够好、价格够甜的好物；高晓松担任阿里娱乐战略委员会主席，花名"矮大紧"；何炅加入阿里音乐，担任首席内容官；欧阳娜娜加入阿里巴巴，负责淘宝服饰行业运营……一大批名人的加入，让阿里巴巴收割了一波又一波的关注和流量，这就是多IP推广、名人引流的强大影响力。

学会运用多IP推广、名人引流，是一个非常重要的技巧。那么，具体而言，商家应该怎样做呢？

（1）**用好名人元素**。如果商家本身销售的产品就是由名人代言的，那么在引流推广中就可以直接使用代言人的相关形象、广告片等，推广内容的标题上也可以用代言人的名字来引流，倘若可以直接把代言人请到直播间与用户直接互动，那就更好了。

（2）**用好名人日常**。平时可以多关注一下眼下热播的电视剧、电影、综艺节目等，然后尽可能地把商品往"××同款"上来宣传推广，一般热播的剧,尤其是其中主角的日常穿搭、日常使用的物品等,往往都能够吸引到不少流量。此外,还可以多关注一下名人们的日常生活分享,从中发现"名人同款",从而给自己的商品提升"关注度"。

使用名人来引流确实能够快速吸粉,但需要注意的是,名人的视频、形象等千万不要随意从网上拿来就用。名人的视频、照片等都是有版权的,不经对方许可就擅自用于商业营利活动,可是要"吃官司"的!

7. 不可忽视线下连接渠道的建立

在过去相当长的一个时期,线上电商成为商业领域中的主流模式,一大批没有实体店的线上品牌、线上店铺通过线上引流+销售,实现了销量的几何级倍数增长,在非常短的时间内创造出了不可思议的销售成绩。在这样的大背景下,尽可能为自己的私域流量池在线上引流,成为每一个商家必做的重点工作。

线上引流固然重要,但也千万不要忽视了线下连接渠道的建立。随着互联网流量的见顶,开拓线上连接新渠道正变得越来越艰难,成本也越来越高,传统的线下连接渠道价值正在被重新认识。

随着互联网和移动互联网流量的见顶,线上零售遭遇天花板,与线上越来越高昂的获客成本相比,线下边际获客成本几乎不变,线下的销售和营销渠道被重估,新零售时代来临。所谓"新零售",即企业以互联网为依托,通过人工智能、大数据等先进技术,对商品的生产、流通、营销与销售过程进行升级改造,重塑业态结构与生态圈,对线上服务、线下体验以及现代物流进行深度融合的零售新模式。

如今,一部分人已经充分认识到了建立线下连接渠道的重要性,并采取了相应的行动。当我们走在热闹的大街上时,常常会看到"扫码送礼品"的推广人员,他们穿着统一的着装,手里拿着显眼的小礼品,或是摆了固定的摊位,或是在热闹的人群中四处流动推广,实际上这就是一种通过线下渠道来引流的好方法。

此外,新零售开启了线下+线上销售一体化的新时代。如今,我们在城市中的繁华商圈中能够看到华为线下体验店、京东线下体验店等,这些原本在线上领域呼风唤雨的"大佬们",正在越来越多地尝试在线下建立新的渠道。

2017年,新零售的概念和落地成为大热门事件,在线下+互联网、线上+实体店的新零售模式风口下,线上与线下连接渠道的建立发展到了前所未有的高度。

大众点评·购物频道和New Balance的线下+线上联动就是一个非常典型的案例。

New Balance提供独家年末优惠折扣,折扣信息在大众点评线上大范围营销传播,消费者只要登录大众点评就可以"1元购200元优惠券",优惠券可以在New Balance线下门店使用。大众点评的线上渠道为New

第五章 连接：搭建为我所用的流量池

Balance的线下门店进行了非常好的营销，活动落地时，大众点评在首屏突出折扣信息，并陈列了推荐明星单品，利用定位技术，还会给消费者展示附近门店。New Balance并不是单一的受益方，大众点评也在这一过程中吸引了新用户，回馈了老用户，增强了用户黏性，增加了平台的日活度等。

相关统计数据显示：活动期间，New Balance业绩环比前一周增长66%（去年同期环比增长47%），其中"1元购200元优惠券"活动销售占比12.3%，占增长销售部分的31%；上海部分店铺线上导流的占比达到20%，大部分店铺在5%～10%之间；重庆地区整体规模只占品牌的6%，但是优惠券的销量达到整体的15%。从这些数据不难看出，线下+线上的"引流联动"做法效果非常惊人。

他山之石，可以攻玉，事实证明，线下+线上连接渠道的建立，可以更好地整合资源，更容易地为商家自身的私域流量池引流。

在未来，当下流行的电子商务平台会消失，线下+线上+物流创造出来的新零售才是新的主流商业业态。只做线上不做线下是非常危险的，只有将线下与线上的资源整合起来，才会有光明的未来。

第六章

留存：怎样把用户留下来

第六章 留存：怎样把用户留下来

1. 互联网去中心化让用户黏性不断下降

近年来，互联网技术及其水平一直在飞速发展，而在互联网飞速发展的过程中，其社会关系形态和内容产生形态也发生了翻天覆地的变化。

在早期的互联网时代，上网仍具有一定门槛，互联网内容主要由专业网站或特定人群生产。现在随着互联网技术的普及，互联网内容生产者群体不断扩大，几乎人人都可以在网上发表言论、创造内容，一起生产互联网信息，这就导致了互联网的去中心化。所谓互联网去中心化，正是相对于网络中心化而言的新型网络内容生产过程。

2003年，美国人提出了"wemedia"这一术语，该英文单词翻译成中文，就是"自媒体"的意思。2005年博客正式进入中国，这是早期互联网个人网站之后的自媒体典型应用，在2008年的全盛阶段，仅中国的博客账号就高达1亿之多。可惜好景不长，2009年新浪微博开始试水，逐步取代了博客曾经在国内的辉煌。

如果从博客时代开始算起的话，中国的自媒体发展也有16年的时间了，若是再推到更早期的个人网站，那就有近25年的光景了。不过纵观国内自媒体发展的这些年，微信公众平台（公众账号）无疑是催动自媒体百花齐放的重要节点。

2011年腾讯推出微信，当时微信还只是一个用来进行人际交流的个人通信工具。不过腾讯的野心显然远不止于此，1年后微信公众平台（公众账号）正式上线，随即引发大量机构和个人入驻，引起巨大轰动。

微博以短文为主，为了方便手机阅读，一条微博的字数被限制在140字以内，这固然有利于话题的传播与讨论，但同时也限制了信息量。从某种意义上来说，微信公众平台（公众账号）延续了博客的长文传统，但和博客不同的是，其后面有大量的微信用户，它与微信聊天处于同一界面，无须来回切换软件，这样将微信用户转化为公众号读者远比单纯开发独立网站要容易得多。

当时微信公众平台（公众账号）提出了一个响亮的口号——再小的个体也有自己的品牌。在微信公众号中存在着大量的个人自媒体，在这些自媒体基础上还形成了自媒体联盟。2014年12月，腾讯高级执行副总裁张小龙在演讲中详细阐述了微信公众平台的设计理念，直言"微信要打造一个真正的去中心化系统，不会提供一个中心化的流量入口来给所有的公众平台方、第三方"。

在微信里，没有一个叫作公众号或者公众平台的入口，这也意味着如果微信用户没有关注任何公众号的话，就可能看不到任何公众号及公众平台的存在。因此公众号要想在微信里活跃起来，就必须通过自身努力去中心化地组织自己的客户，各凭实力抢夺流量，这便是微信去中心化的一种体现。

其实去中心化，并非完全不要中心，而是通过节点来自由选择和决定中心。简单来说，所谓中心化就是中心决定节点，但节点也必须依赖中心，一旦离开了中心就无法生存。在去中心化的系统中，任何人都可以是一个节点，任何人也都可以成为一个中心。任何中心都不是永久的，而是阶段性的，任何中心对节点都不具有强制性。

第六章 留存：怎样把用户留下来

以微信公众平台（公众账号）为例，每个大V（指网络上的活跃人物，粉丝量大）公众号都是一个可以去连接别人、影响别人的节点。虽然这些大V公众号会影响很多人的看法，但它们本质上都是靠着账号粉丝的拥簇，只不过是在一定时期内影响别人，并没有强制影响粉丝的权力，哪一天粉丝量少了，账户的影响力便会不断削弱。

还有很多公众号刚开始默默无闻，甚至粉丝不过百人，但它们可以通过发声和价值主张吸引别人的关注和支持，等到粉丝多了，影响力大了，这些公众号也就成了一个中心。也就是说，每个人都可以成为中心，每个中心都依赖于每个个体的支持拥簇，离开个体便不存在中心。

但在信息爆炸的时代，互联网去中心化程度的不断提高也让用户黏性不断下降。因为中心多了，可选择性也就多了。在这种局势下，要想长久留住用户，就必须有自己独到的秘诀和方法。

2. 沉淀下来的流量，才有商业价值

从物理学角度来说，流量就是指单位时间内流经封闭管道或明渠有效截面的流体量，而在互联网领域，流量则是指某一时间段内用户在某网络平台上所产生的数据流的数量。

用户在网上的每一次点击、浏览和下载,都会增加网络相关数据,这些行为数据汇聚在一起,就形成了数据流,用户点击量、阅读量、下载量越多,数据量就越大,流量也就越大。商家可以根据注册用户量、日活跃用户数量等数据来判断一个产品或平台的流量大小,但有时并非流量大其商业价值就高。要知道,只有沉淀下来的流量,才真正具有商业价值。

所谓沉淀下来的流量,就是被留下来的流量。这种流量在数据上会呈现出一种相对静止的状态。一般来说,沉淀下来的流量的日活跃用户数量和新流量相比会相当低,要想重新拉高该数据,就必须再造一个流量平台。

例如字节跳动就是一个不断打造新流量平台的"APP工厂"。字节跳动很多新平台的初期流量是通过今日头条引流的,到了后期才是自身新产生的流量。前期通过其他平台引流的是旧流量,后期自身新产生的则是新流量。旧流量虽然不能复制,但可以创造新价值,新流量则要依托于旧流量进行价值创造。而新旧流量的相互转换,关键在于留量运营,也就是对沉淀下来的流量的运营管理。

要想实现流量变现,关键因素还是在于用户。一般来说,实现网络流量变现主要有以下四种方法。

(1)**广告变现**。所谓广告变现,就是通过广告联盟等第三方平台插入广告,产品或平台根据广告浏览量的数据多少从广告主处拿到相应的收益。这种广告贴片形式在现在的市场上是最普遍也是最典型的流量变现方式之一,从运动会比赛赞助商到电视节目中插播广告再到微信公众号贴片广告,都是广告变现的典型案例。

不过需要注意的是,在通过广告进行流量变现时,产品或平台必须事先做好调研，不仅要调查好广告产品质量和广告主的品牌声誉，还要考虑自己粉丝是否是广告产品的受众。如果产品或平台粉丝不属于广告产品受众，那么未必能达到理想的广告宣传效果。而一旦广告产品质量出现问题或是广告主品牌出现负面消息，则会对产品或平台本身信誉产生影响，致使粉丝流失，不利于后续变现。

（2）**电商变现**。电商变现一般有两种类型，一是电商CPS，二是自营电商。

所谓电商CPS（Cost Per Sales，按照销售付费），就是指电商代运营。产品或平台和商家进行合作，将商家的商品放在自媒体上进行售卖，然后根据用户通过自媒体入口购买的商品的总销售额进行分成，从而获取利益。这种代运营模式无须付出成本，是网上流量变现的常用手段之一。

所谓自营电商，就是指自己进行产品的销售，从选品到定价都没有第三方介入，销售利润全部归自己所有，但也要付出相应的成本，亏盈自负。一般来说，网红在成名后创立的淘宝店铺大多都属于自营电商。

电商变现的收益十分明显，能直接看到转化率之间的数据，如果能合作或推出优质的电商产品，不仅能有稳定的高成交率，还能增强粉丝的信任感，帮助培养忠诚粉丝。反之，若合作或推出的电商产品质量差，则会使粉丝产生厌恶感，造成脱粉，不利于日后的持续发展。

（3）**内容付费变现**。近几年来，知识付费平台接连兴起。从微博问答到知乎盐选再到网易公开课，越来越多的平台秉承"内容为王"的原则，开始做起了增值付费服务，以此实现流量变现。

内容付费服务所面向用户的留存和黏性高，能获得的收入较为稳定，但对内容质量的要求相当高，可以说内容质量直接决定了内容付费变现的多少。

（4）**直播打赏**。随着直播市场规模的日益扩张，直播打赏也成为流量变现的一种常见方式。用户在直播平台购买虚拟礼物赠送给主播，平台则从礼物收益中赚取分成。在激烈的直播平台竞争中，人气主播成为除了直播引流外占领市场的关键所在。

3. 微信群的"促留"模型

所谓"促留"，就是促活和留存。就微信群的运营来说，所谓促活，就是让微信群中的用户保持一定的活跃度；而所谓留存，则是指尽可能多地让新入群用户留下来，成为群里的常驻人员。

（1）**微信群"促留"的步骤**。微信群中的促活和留存往往是一体的，如果能够做好促活工作，提高群内活跃度，那么就能够大幅度降低群中成员的流失率，自然而然地实现留存。

微信群的"促留"一般包括四个步骤，分别为触发、行动、奖励和投入。下面就以线上付费课程为例，具体讲解一下这四个步骤。

第一步：触发。触发有两种形式，一种是外部触发，另一种是内部触发。

所谓外部触发，就是定时在微信群进行提醒。如线上付费课程，就可以在微信中以群公告或呼叫全体成员的方式进行上课提醒和日常打卡提醒。

所谓内部触发，就是通过线上付费课程的具体内容和上课方式来影响用户。课程开发者需要考虑用户需求，精心设计课程内容，并选择直播或对话等容易与用户互动的模式作为上课形态，以增强课程的教学效果。

第二步：行动。在内部触发和外部触发双管齐下的作用下，用户会开始进行练习和打卡等学习行为。要想让用户顺利完成这两项工作，就要简化行为动作，避免让练习和打卡占用用户过多的学习时间。

首先是进行练习和打卡的内容，应尽量选择一些耗费用户时间少的内容。

其次是进行练习和打卡的方式，可以选择打卡类小程序作为辅助。据了解，某些打卡小程序能在打卡过后自动生成打卡海报和文案，可以自己留存作为纪念，还可以用于激励自己。

第三步：奖励。为了提高用户学习质量，很多线上付费课程都会让用户完成一定的作业，来检验其学习效果。写作业自然会让用户觉得麻烦，但若是能在布置作业时提前拿出极高的奖励，就能大大提高用户的学习动力。

一般来说，可以有三种奖励方式：一是社交奖励。通过在微信群发起提问交流活动，引导用户交流和分享观点。二是物品奖励。需要注意的是，物品奖励未必一定是奖金等实物，也可以是信息、资源等虚拟物品，如规定打卡满勤者每人可去微信群管理员处领取某些电子书资源等。三是自我奖励。可以在微信群内发起一些与课程内容相关的高难度挑战，群内成员参与后不仅可以得到一定奖励，更能感受到自己的学习效果，获得自我成就感。

第四步：投入。一般来说，只要完成前3个步骤，就能改变微信群内用户的行为，让用户达到可持续性学习。但要想实现群内"促留"，不仅要让用户持续学习，更要让用户自发学习。而通过对上课、打卡等学习任务的游戏化设计，可以增强用户自主学习的动力。

所谓学习任务的游戏化设计，就是根据作业分数、排行榜等进行运营设计。如可以通过个人打卡率和作业完成情况进行评分和排名，定期更新排名，并根据排名给用户相应奖励等。

（2）**活跃微信群的方法**。想让微信群内成员保持活跃度，可以通过以下3种方法来实现。

一是坚持产出优质内容。优质内容才是用户活跃的基础。

二是保持群内信息输出。微信群管理员在运营微信群时，可以定期在群里进行一定的信息输出和分享，如每天推送早报，分享最新信息，以活跃群内气氛，引发大家讨论。

三是策划群内活动。群内活动也是调动微信群内成员积极性的不二法宝。一般来说，线上付费课的常用活动形式有以下3种：①日常打卡，每天提醒群内成员进行打卡签到，并规定每周全卡和每月全卡可以兑现福利，坚持打卡率越高，福利越大；②送书活动，让群内成员分享课程，以裂变的形式进行送书活动，这种送书活动可以精准吸引到目标人群，但图书寄送等问题可能会略微麻烦一些；③发放优惠券，可以通过举办填写课程调查问卷等活动，发放系列课程优惠券，这样不仅能够提高群内成员活跃度，还能为系列课程引流，可谓一举多得。

4. 小程序的用户运营与留存策略

小程序，正是早期应用号的发展变体。2017年，微信陆续上线了一系列小程序产品，这种轻型应用服务无须登录和下载，只要通过微信搜索或扫码就可以直接打开使用，方便快捷，很快便成为微信的主要引流工具之一。

小程序有三大特点：一是无须卸载安装，二是可以直接通过微信使用，三是用完即走。也就是只有用户需要用的时候才会打开小程序，一旦用完就可以立即关掉，不会影响用户使用微信的其他功能。

小程序的这三大特点能有效节约用户的时间成本，让小程序具有较高竞争力。但恰恰也是这三大特点，让小程序天生便丧失了一般产品应有的用户留存属性。很少有人会经常性地主动搜索某个小程序，更多的是当他们看到该小程序时才会点击进去。因此要想提升小程序的留存率，就必须从外部开始入手。

（1）**小程序的用户运营**。小程序之所以留存率低，主要症结在于其对用户的运营力度不足。要想做好小程序的用户运营，首先要进行用户分类，然后再根据不同类型的用户去制定不同的运营策略。

通过分析小程序本身收集的用户行为数据，可以将用户进行分类。如通过分析用户使用小程序时的打开频次、停留时长、互动及浏览次数，可以总结用户行为；通过分析用户的年龄、性别和所在地区，可以判断用户的大概分布和基本类型；通过用户选择的内容、价格和时间节点，可以判断出用户的兴趣爱好。

在此基础上，分别将用户分为短期留存、中期留存和长期留存3个类型，然后针对不同的留存期限使用不同的运营策略。

一是短期留存。针对短期留存用户，应尽快找到并凸显小程序的亮点，在借鉴热点内容吸引用户点击的同时，尽量降低小程序的使用门槛。

二是中期留存。针对中期留存用户，应添加更多互动性功能，同时收集用户反馈信息，分析用户兴趣点，进行下一步优化，以改善用户体验。

三是长期留存。针对长期留存用户，应建设用户成长体系，进行用户唤醒，同时根据大数据对用户进行个性化推荐。

（2）**小程序的留存策略**。要想提高小程序的留存率，只有设法提高用户的行为频率。一般来说，可以通过以下4种方式来激活小程序的用户。

一是发布活动任务。通过发布签到打卡赢福利等日常任务，用福利激励用户养成每日打开小程序做任务的习惯，从而提高用户在小程序中的活跃度和留存率。

二是建设用户成长体系。所谓的用户成长体系，就是活动任务的进阶版本。除了活动任务的福利外，用户成长体系还可以让用户通过养成行为获得成就感。用户成长体系的基本操作方法有两种，一种是提高用户等级和获取荣誉勋章，另一种则是饲养虚拟动植物。支付宝的蚂蚁森林和小鸡庄园就是经典的成长体系案例。

三是将小程序和公众号相结合。小程序和公众号的结合方式有两种，一种是通过微信公众号推送小程序服务功能的消息，另一种则是在公众号推送的文章里直接插入小程序，这两种方式都能有效激活小程序用户。例如某教育类公众号，经常会在线上推出免费课程，而该免费课程领取后必须通过微信中的某个小程序才能打卡上课，这就是一种深度捆绑小程序和公众号的方式，能够有效提高用户的留存率。

四是建立小程序服务群。小程序在某种意义上是一种为用户服务的工具。如果某个作为工具的小程序能够只专注于服务某一群体，那么其必将能得到一批长期稳定的留存用户。因此，建立小程序服务群，搭建专门的社群运营体系为用户提供服务，可以有效解决小程序用户留存问题。就小程序服务群来说，经典案例莫过于"群接龙"小程序。"群接龙"小程序主要用于微信群拼团活动，群主开团后通过"群接龙"可以带动群里其他成员使用该小程序参团，不仅能够实现有效拉新，还可以得到稳定的留存用户，大大提高用户在该小程序中的日常活跃度。

5. APP留存：提升留存率的两种方法

俗话说得好，"打江山容易，守江山难"。APP开发完成后的第一要事自然是吸引用户下载，但在引流之后如何留下这批用户，则可能是不少研发者更需克服的难关。

留下用户的关键在于提高用户在下载之后使用APP的频率，用户使用APP的频次越多，活跃度越高，长期留存的概率也就越大。一般来讲，可以通过建立任务激励体系和进行消息推送两种方法来提升APP的用户留存率。

（1）**建立任务激励体系**。所谓建立任务激励体系，就是设计一系列日常任务让用户完成，并在用户完成任务后给予他们一定的奖励。这种有激励的任务可以让用户快速完成并及时给予其奖励，激发他们的信心，促使他们如同玩闯关游戏一样继续进行下一次任务，从而有效提高APP的用户留存率。

任务体系一般由两部分组成，一是新手任务，二是每日任务。

新手任务的形式一般包括新手引导、完善个人资料等。新手引导任务可以通过奖励给予用户学习动力，让用户快速了解并使用平台功能，而个人资料的填写则能帮助平台获取用户属性。如果APP在用户注册环节设计太多问题的话，很可能会因注册流程太过烦琐而流失许多用户，因此通过激励类任务让用户主动完善资料填写的设计无疑是更好的选择。

每日任务的形式一般包括签到登录、分享注册、邀请好友、指定任务

留存：怎样把用户留下来 第六章

等。很多APP都会有签到任务，连续登录奖励倍增的任务设计可以让用户养成定期登录并使用APP的习惯；分享注册、邀请好友等任务可以适当拉新；而指定任务则可以提高用户使用APP的频率，有效拉动用户的活跃度。不过需要注意的一点是，发布激励类任务的时候必须要让用户感受到奖励的价值，如果奖励积分，就要设计好积分的消耗方式，否则只会让用户参与度变弱，甚至起到反作用。

如今市场上常用的APP任务奖励是积分兑换和红包提现。以微博为例，用户在微博的任务中心完成浏览、关注、点赞、转发、评论等指定任务后将得到一定的微博积分。这些积分可以兑换礼品，而在一些特殊活动中，用户还可以直接得到红包奖励，积累到一定金额后便可以提现。

除了物质奖励外，也可以在精神层面设计任务奖励。在这方面做得比较好的当属支付宝的蚂蚁森林、蚂蚁庄园等系列活动。

蚂蚁庄园的核心任务就是饲养虚拟小鸡，用户通过完成支付宝线下支付、线上支付等任务获取饲料喂养小鸡，养大的小鸡则会生产"爱心蛋"。"爱心蛋"不能直接变现，但可以用来捐赠公益项目，用户捐赠公益项目后还能得到系统认证，从而获得个人荣誉感。

在建立任务激励体系时，APP可以通过物质激励来进行短期促活和拉新，但要想实现用户的长期留存，还必须综合运用物质激励和精神激励两种方法才行。

（2）**进行消息推送**。所谓进行消息推送，就是通过给用户推送消息来提醒用户打开并使用APP。消息推送一般有两种方式，一种是通过短信进行消息推送，另一种是通过客户端进行消息推送。

关于短信推送，每逢重大节假日，很多人的手机上都会收到来自各个APP的短信，提醒用户不要错过近期即将上线的活动。这类"温馨提示"常常被归为垃圾短信，有效召回率较低。要想提高短信召回率，就必须在文案上大做文章。首先整体文案不宜过长，毕竟在快节奏的社会环境下，大部分用户没耐心阅读过长的文字内容。其次要注意将重点内容前置，像什么"领取免费礼品""分红包"之类的吸睛内容要让用户一眼看到，这样才会有足够的吸引力。

与短信推送相比，客户端推送的消息更有针对性，可以根据用户平时使用APP时的兴趣点和习惯进行精细化推送。在推送客户端消息时，首先要注意做好用户的标签化管理，找准用户兴趣点。其次，要注意推送的时间。APP在设置推送时间时必须结合用户的行为数据来进行综合分析，例如用户习惯早上起床后看天气，天气类APP就可以在早上推送当日天气消息时顺便宣传福利活动，从而有效提高推送效果。

6. 视频直播 如何做好用户留存

近年来，网络直播市场不断扩大，各类直播平台也层出不穷。虽然市场环境看起来红红火火，但也不要忘了，有热度的地方就必然有竞争。

第六章 留存：怎样把用户留下来

天眼查发布的《2020电商行业数据报告》显示，截至2020年10月，我国新增直播相关企业超过2.8万家，为2019年全年新增数量的5倍，行业内相关企业增速远大于需求规模的扩张，这就意味着未来直播行业之间的竞争将不断加剧。在这种压力激增的情况下，直播行业之间的竞争将逐渐转变为供应链之间的竞争，将会更加专注于精细化和专业化运营。而这其中，如何做好用户留存无疑是亟须思考的一个重要问题。

要想提升视频直播的用户留存率，不仅要设法提高用户在直播平台的活跃度，还要预防用户流失，做好回流工作。

（1）**提升用户在直播平台的活跃度**。可以通过多种策划活动来提升用户在直播平台的活跃度。

第一，用户等级制度。所谓用户等级制度，就是根据用户达到的等级，给他们划分不同的用户权限，而这种制度一般都是长期的。用户在直播平台越活跃，提升等级的速度越快，这样可以有效培养他们使用直播平台的习惯。

第二，安全评分机制。一般直播平台在设定新用户注册页面时会尽量放低门槛，为了便捷操作甚至允许通过微信等常用应用进行授权登录。然而通过这种用户注册方式能够获取到的用户信息极其有限，难以进行深度营销。因此应设立账户安全等级评估等功能，让用户必须通过完善信息才能开通某项功能，引导用户丰富个人信息。

第三，全民参与活动。全民参与活动设置的重点在于参与门槛低、内容有趣，这样才能吸引众多参赛者的参与和获得粉丝的支持，在有效提升平台活跃度的同时提高品牌知名度，实现拉新。

第四，专题直播活动。每个直播平台都有很多领域方向，每个领域又都有不同的优秀主播。精准定位某领域主播，策划专题直播活动，可以有效提高对该领域感兴趣用户的活跃度。以游戏类直播为例，可以通过高奖励的联赛活动吸引游戏玩家参赛，提高直播平台的活跃度。

第五，定制专题直播节目。在官方页面开设专栏，梳理平台直播类目，分析主播才艺类型和受众人群，从而对平台主播节目进行归类，以便更好地服务该类节目粉丝，精准定位受众人群。

第六，直播间签到任务。将直播间打赏场景和签到任务相结合，以直播打赏金币或经验值为奖励，在直播间鼓励用户完成签到分享等任务，不仅可以持续提升平台活跃度，还有助于提升直播平台的营收目标。

第七，短视频。在直播平台推出当下流行的短视频玩法，满足平台用户的多样性需求。

第八，开发更多直播场景。从生活中汲取灵感，开发更多的直播场景，如将直播与旅游或工艺相结合等，以丰富平台功能。

第九，官方支持团。为平台主播建立官方支持团，集中主播粉丝力量，共同运营平台。

第十，反向互动玩法。一般来说，直播平台都是粉丝给主播打赏礼物。平台可以开发反向互动玩法，利用奖励鼓励用户主动与主播互动，获取主播打赏的礼物，抽取大奖，从而促进主播与粉丝之间的相互交流。

（2）预防用户流失。要想预防用户流失，就必须分析用户流失数据，通过对用户次日留存、7日留存、15日留存等数据的整理和分析，找到用户留存率下降的具体原因，然后逐个针对原因进行产品优化。

通过对时间和用户操作路径两大维度的具体分析，可以推断出用户流失问题是否是由于平台产品的某项功能不理想所致。例如游戏关卡设置，如果用户在游戏某道关卡的通过率极低，就会严重影响他们继续玩游戏的积极性，从而增加用户流失率。

（3）**用户回流**。首先要了解流失的用户类型、流失原因。然后再针对用户类型和流失原因思考用户回流手段及留住其他用户的方法。收集流失用户的信息，将这些信息进行划分，再分别找到吸引各类用户的价值点。最后通过有效渠道接触流失用户，用价值点吸引他们，引导其回流。

7. 用户留存的"新技术""新玩法"

除了前面几节讲到的留存方法外，市场上还存在着一些提高用户留存率的"新技术""新玩法"，下面就来逐一介绍。

（1）**筛选高留存渠道**。在进行产品拉新时，不能盲目追求拉新率，而要瞄准产品的目标用户，目标用户的精确度对新用户留存率将有直接影响。需要注意的是，拉新渠道不同，对应的用户特征也各不相同，因此必须注重分析不同渠道用户的留存程度。

可以根据产品定位来判断对应的用户来源渠道。在进行产品定位时，不仅要考虑目标用户的特征，更要考虑留存内容及社区氛围的调性，因此如果选择相似定位的渠道，那么获得的用户必然更加精准，相对应的新用户留存率也会更高。

前两年有个新创业的产品，名为猫饼，该产品的宣传口号是"用短视频讲故事"，因此目标用户并非是普通用户，而是喜欢利用镜头叙事的用户。猫饼在早期是通过向少数派发软文宣传自己强大的视频剪辑功能来进行引流的。这无疑是正确的做法，毕竟少数派的用户大多是极具探索欲和表达欲的人，这类用户更注重表达方式和创作质量，和猫饼所定义的目标用户相当吻合。

不过对更多大众化的短视频产品而言，像猫饼一样根据产品定位来选择合适的渠道无疑是不合理的，因为它们面对的客户人群较广，所以很多渠道对它们来说并没有多大区别，只需要从中选择用户留存率较高的来获取用户即可。如果某项产品数据显示该应用在小米应用市场的用户留存率比其他应用市场都高，那么该产品就会重点在小米应用市场进行宣传推广。

总而言之，无论是垂直产品还是泛用户群体产品，筛选高留存渠道以获得更精准的用户，都是极其重要的一步。

（2）营造品牌认知。对于一个产品来说，名字和商标至关重要，因为这可能与产品定位直接相关。很多时候，用户对一个产品的第一印象，就是从它的名字和商标开始的。名字和商标会让用户对该产品产生最初的品牌认知，各种渠道的广告宣传和市场推广则能让大众了解产品的具体形态，而这些都是能够帮助产品精确引入目标用户群的助力。一般来说，只要新用户对品牌有一定认同感且产品体验还不错,那么最初的用户留存率一定不会太差。

除了名字、商标和宣传外,新用户的初次使用感受对于营造品牌认知也极其重要。作为新用户,如果首次使用新品牌的产品就有了极为糟糕的体验,这样不仅会让其对该品牌留下极差的印象,还有可能形成差评氛围,对后续新用户的引入造成直接影响,导致用户留存率降低。

(3)分析活跃用户特征。 国外某大型互联网公司的数据调查发现,如果在某段时间内,新用户以某种频率使用某种功能,就更容易成为忠诚用户。也就是说,一旦引导用户多次使用某产品到某个特定次数,就能提高相对的留存率,该次数所对应的数字即为"魔法数字"。

要想找到"魔法数字",就得进行用户调研,分析平台的用户行为数据。通过用户调研,可以了解活跃用户和非活跃用户基本属性、操作行为特征等相关信息,进而分析确定两者之间的差异;而通过平台用户行为数据分析,可以对比活跃用户和非活跃用户在应用中的行为数据,从而找出两者的行为差异点。

确定差异点后,再进行AB test(两个方案的测试),以确定差异点的留存影响是否存在及其影响程度,从而获得最终的"魔法数字"。有时候一款产品的"魔法数字"可能有多个,因此需要更多地进行验证,根据正向影响的优先级去调整产品的优化方向,在用户开始使用应用的过程中,就从产品设计和运营层面去引导和促进新用户达成差异行为,从而提升其初始留存率。

第七章

转化：流量激活，打破转化瓶颈

第七章 转化：流量激活，打破转化瓶颈

1. 算一算你的活跃粉丝与"僵尸粉"

经常会有人提出这样的疑问：明明我的账号粉丝数量不少，为什么在网上的流量却那么低呢？通宵熬夜写出来的文章阅读量不过百，辛苦努力策划推出的活动参与者都没几个。如果你的流量和粉丝数量差距悬殊，那么可能就需要算一算你的活跃粉丝与"僵尸粉"的数量了，说不定你过万的粉丝里，有一半以上都是"僵尸粉"。

所谓活跃粉丝，就是指账号粉丝在近期发生操作的用户；而所谓"僵尸粉"，则是指账号粉丝中的不活跃或虚假用户。"僵尸粉"对账号的内容和服务都不感兴趣，他们一般不阅读、不转发、不分享，既不会使用账号的服务，也不会购买推荐的商品，总而言之，就是除了美化粉丝数量外，对账号丝毫没有任何作用的一群粉丝。

要想彻底解决"僵尸粉"问题，就得先从运营理念的转变开始做起。

（1）**树立正确的"粉丝观"**。有一些自媒体账号十分乐观，总觉得只要自己粉丝数量足够多，就一定能获得高流量。这种想法无疑是大错特错的。要知道，那些关注你账号的人，未必就是你的忠实粉丝，也未必能成为你的会员，为你的服务买单。如果只一味地盲目追求被关注数量，就极有可能会导致粉丝中"僵尸粉"比例过高。

在自媒体和商家群体中，这种错误极其常见。现在大部分公司的账号都会对运营者有一定的KPI（关键绩效指标）考核要求。而所谓的KPI考

核，主要就是对于账号新增粉丝数量的考核。有些公司甚至会要求运营者达到每月增粉万人以上的账号业绩，一旦完不成就会有严苛的惩罚措施。这种严重的KPI考核压力促使运营者想方设法使用各种手段增加运营账号的粉丝数量。有的账号通过红包吸引关注者，有的账号推出各种活动诱导粉丝关注，甚至有人直接给自己的账号买"僵尸粉"，以达成业绩……通过这些手段吸引来的粉丝，质量自然就可想而知了。

要知道，那些只为了领取红包和礼品来关注你的用户，很多都会在红包和礼品到手后没多久就选择取消关注了。有人可能不以为意，之前某传媒公众号推出摇一摇抢红包的活动，直接吸收了将近2000万的粉丝，因为粉丝数量增长过快，还被微信平台封了一个月。就算大部分人在拿到红包后取消关注，哪怕留下十分之一的粉丝，那么留下来的新增粉丝数量也整整有200万人，岂不是相当惊人？

道理听起来似乎是这样。然而，事实并没有大家想象的那么简单，且不论要吸收2000万粉丝，需要派出多少份红包，花费多大的资金投入，就单纯以新增粉丝质量来说，那些拿到红包后没取消关注的绝大部分粉丝不一定是因为认可你的账号服务，而更可能是因为一个更直接也更残忍的原因——单纯的遗忘。这些忘了取消关注的新增粉丝自然也会变成众多"僵尸粉"中的一员，成为除了让关注数量好看外毫无用处的摆设。

因此，对自媒体账号来说，比粉丝数量更重要的，应该是粉丝质量。如果能从一开始就树立这种正确的"粉丝观"，努力吸取更多精准的粉丝，而不是一味追求虚无缥缈的粉丝数量，那么就可以少走许多弯路。要知道，粉丝的价值就在于精准。

第七章 转化：流量激活，打破转化瓶颈

（2）**进行粉丝精细化管理**。无论是商户服务号还是自媒体，对粉丝的精细化管理都至关重要。以公众号为例，一般的公众号都有一个功能，就是给关注自己的用户打标签分组，通过给关注自己的粉丝打上不同维度的标签，就可以勾勒出这些粉丝的用户画像。根据这些画像，有针对性地给不同的用户推送不同的内容，自然就可以大幅度提高营销效果。

（3）**提供有价值的内容**。无论采取何种运营手段，自媒体成败的根本仍然是有价值的内容和服务。不过需要注意的一点是，必须避免"粉丝倒逼效应"，就是不要因为一部分粉丝的意见就轻易转换风格。毕竟在你讨好这部分粉丝的同时，失去的可能是另一个更广阔的"池塘"（即粉丝群体）。因此，要想让自媒体账号长久地运营下去，就必须先找好自己的定位。

2. 怎样快速有效地激活"僵尸粉"

对账号运营者来说，如何处理"僵尸粉"无疑是令很多人头疼的一件事情。正所谓"食之无味，弃之可惜"，"僵尸粉"对于账号运营者来说，无疑就属于这种处理两难的"鸡肋"，留着吧，除了让账号粉丝数量看起来好看点以外，并不能产生其他任何价值；直接移除吧，毕竟是自己

辛辛苦苦通过各种方式和渠道引流得到的，直接删了未免也太可惜了。如果能通过对"僵尸粉"的管理，将他们激活，成为有效粉丝，那岂不是两全其美？下面，就来介绍一下如何才能有效激活微信个人账号的"僵尸粉"。

（1）**完成粉丝归类**。在激活"僵尸粉"之前，首先要做的一件事情，就是将账号中的"僵尸粉"识别出来。只有确定了账号中总共有多少"僵尸粉"、具体有哪些"僵尸粉"，才能精确地针对这些"僵尸粉"展开工作，从而达到激活"僵尸粉"的目的。

自媒体账号运营者可以将账号粉丝分成3个不同的组别，一是活跃粉丝，二是沉默粉丝，三是"僵尸粉"。所谓活跃粉丝，就是购买过账号推送的商品或服务，甚至与账号运营者有过深度沟通的粉丝。所谓沉默粉丝，就是没有购买过账号推送的商品或服务，也没有和运营者打过招呼，但评论或点赞过运营者朋友圈的粉丝。所谓"僵尸粉"，就是从来没有和运营者的账号进行过互动的粉丝。

如果运营者能够做好账号粉丝的归类工作，那么就更容易激活"僵尸粉"，做起后续工作来就会事半功倍。

（2）**激活"僵尸粉"**。自媒体账号运营者一旦对所运营账号的"僵尸粉"有了大致了解之后，就可以有目的地展开"僵尸粉"激活工作。一般来说，可以通过以下3个方法来完成微信"僵尸粉"的激活。

方法一：进行自我介绍。很多"僵尸粉"虽然一直在运营者的好友列表里，但他们和运营者之间从未有过沟通交流，对方可能都不太知道运营者是谁。如果在这个时候直接向他们推送广告，甚至试图主动和他们闲谈，不仅不会让对方对运营者产生兴趣，甚至可能会因为过于"自来熟"而落得个被对方厌恶进而被删除的下场。

因此，正确搭讪的第一步，是要给对方做一个详细的自我介绍，告诉对方自己的身份、标签、能提供的服务等信息。在发送自我介绍前，可以通过观察对方的朋友圈状态，了解对方需求，然后有针对性地修改自己可以提供的服务，以提高搭讪成功率。

方法二：进行情感交流。如果发送自我介绍后没有收到对方的回应，也不必担心焦虑，只需继续提供有价值的服务，就可能在日后对方有需要的时候得到其回应。

在得到回应后，可以主动和对方交流一些他感兴趣的干货内容，拉近彼此的距离。朋友圈的运营也是很重要的工作，当对方发好友圈的时候，你可以主动去给他点赞留言，和他互动，从而博取对方关注。

这些工作看起来很简单，其实大有门道。就朋友圈点赞而言，有两种常用的个人点赞方法。一是各个击破，将对方前一周的朋友圈全部翻一遍，点赞8~10条动态，并且至少评论1次。二是每日点赞，即每天都抽空去刷一刷朋友圈，然后随机点赞，每天至少点赞10~30条动态，并积极评论优秀内容。这两种点赞方法可以根据个人时间进行调整和使用。

方法三：进行活动推送。自媒体账号运营者也可以通过推出一些有针对性的福利活动来引起对方的兴趣，从而达到激活"僵尸粉"的目的。例如可以向对方发一些个人公众号文章或是社群文章，结合该文章的内容提出问题，只要对方答对问题，就送出现金红包或礼物奖品。

需要注意的一点是，设置的问题难度要适中，并且最好是选择题，这样更容易收到回应。

（3）**实现粉丝分流**。要记住，永远都别把所有的鸡蛋放在一个篮子里。自媒体账号在运营的时候，也要注意对粉丝进行分流管理，也就是别让所有的粉丝只集中在某个账号上，可以通过链接、推送备用号、举办活动等方式，引导粉丝关注自己的其他账号。这样做有一个好处，就是当自媒体的常用账号出现问题的时候，可以迅速通过其他账号重新获得原有的粉丝数据。

此外，在分流的时候，运营者还可以进行多平台账号的推广，这样既可以扩大账号对粉丝的覆盖率，还能让关注者觉得哪里都有你的存在，从而增加粉丝对你的信任感。

3. 留量大法：带着用户一起玩

无论是账号还是平台，运营的关键都在于如何留住用户。在进行用户运营的时候，运营者不妨转换思路，带着用户一起玩，通过进一步拉近用户和账号之间的距离，来有效激发用户的积极性。

一般来说，有两种带着用户一起玩的方法，一种是用户集中运营，另一种则是用户策略运营。

第七章 转化：流量激活，打破转化瓶颈

（1）**用户集中运营**。所谓用户集中运营，就是专门针对活跃用户或核心用户群的运营。这类人群一般在产品的初期发展阶段就成了产品的用户，日产活跃度高，对产品的黏性也比较高。他们使用产品的时间长，作为产品使用的典型用户，他们不仅可以通过个人宣传帮助产品拉新，还能找到产品的不足之处，提出建议，帮助产品进行更新升级。

对这类活跃用户或核心用户，运营者可以通过两种激励手段来运营。

一是精神激励。所谓精神激励，就是给这类用户想要的认同感。账户或平台运营者可以以官方工作人员的身份，和他们进行日常的沟通交流，除了闲聊家常外，还要在对方需要关心时及时送上问候。通过这种情感投资，让用户获得亲近感，对产品更加认同。

运营者可以建立核心用户群，用户群刚刚建立的时候，群内成员有限，运营者可以每天固定花费一段时间在群内和成员进行沟通交流，和他们打成一片，这样可以大大提高核心用户的活跃度。用户群发展到后期，群内人数越来越多，就会加入许多普通用户。这些普通用户有疑问和质疑的时候，那些核心用户就会自发帮忙解释。这样不仅可以帮助运营者分摊工作，核心用户在给普通用户释疑的时候也在无形中获得了部分群内话语权，使其对产品更有认同感。

需要注意的是，运营者在和核心用户进行日常交流的时候，应该及时对他们进行反馈和激励，充分表达自己对他们的重视和感谢之情。

二是物质激励。在给予用户精神激励的同时，也不能忘记对其进行物质激励。可以为这些核心用户设置一些特殊任务，如帮忙解答群里问题等，完成这些任务就可以获得积分或红包奖励；也可以直接在节假日或对

方生日时给他们发积分或红包奖励，积分累积后可以兑换一些实物奖励。

发红包的时候，还有一个值得注意的小技巧。一般来说，用户都是先关注自己有没有抢到红包，然后再去看抢到的红包大小。对于很多人而言，比起红包金额大小，他们更关注自己是否抢到红包。因此在发红包预算有限的情况下，运营者可以将红包的金额拆小，增加红包数量，以刺激群里用户。不过红包的总数量还是要低于群里人数，如果每次所有人都能抢到红包，就容易丧失新鲜感。因此发红包的时候，还要预估一下数量，要确保能让群里大部分人抢到，但还有人抢不到才行。

（2）**用户策略运营**。所谓用户策略运营，就是通过一定的策略，对所有用户进行分层，提升他们整体的活跃度。一般来说，用户策略运营有三个目标：转化新用户、活跃老用户、召回流失用户。在这三大目标的基础上，可以通过会员成长体系和会员积分体系带着用户一起玩，从而辅助完成这三大目标。

一是会员成长体系。所谓的会员成长体系，就是指用户成为产品会员，通过满足一定的条件不断升级，从而得到不同会员等级权益的过程。一般来说，建设会员成长体系需要完成设定成长值、划分会员等级、设定不同等级的福利和权益3个方面的设定。

二是会员积分体系。所谓会员积分体系，就是让用户成为产品会员，通过满足一定条件获得积分，然后兑换一定的礼品。会员积分体系可以分成两个模块，一个是激励体系，另一个则是兑换体系。激励体系就是如何发放积分的体系，一般可以通过设置任务和举办活动两种形式去发放积分。兑换体系就是如何使用积分的体系，一般可以通过优惠券兑换、实物兑换、游戏消耗等方式让用户使用积分。

优惠券和实物兑换很容易理解，就是用积分兑换优惠券或实物礼品。至于游戏消耗，就是设定一些游戏，规定每玩一次需要使用多少积分，例如消耗积分进行转盘抽奖等。

4. 流量激活的6个实用技巧

做运营，激活流量很重要。要想激活流量，就必须搞定用户，提高他们的活跃度才行。下面简单介绍一下激活流量的6个实用技巧。

（1）**把握用户需求**。所有的产品，最初都是为了满足一部分人的需求才诞生的。用户为了满足自己的需求，才会去持续使用某产品，为该产品的质量和服务买单。不过随着市场的发展，许多企业不去围绕满足用户需求进行产品的开发和运营，反而将精力放在其他事情上，逐渐偏离了初心。

举个简单的例子，假设你是一个应届毕业生，在网上看到某企业的招聘信息，总共只写了三段文字，一段是企业简介，一段是工作内容，还有一段是用人标准，完全没有提到求职者最关心的福利待遇问题，但页面排版和配图都很精美，那么你会因此一眼感到心动吗？答案自然是否定的。

做产品也是一样，只有了解用户的需求，抓住用户的痛点，才能成功吸引他们。

（2）抓住新用户热度期。所谓新用户热度期，就是用户最先开始使用产品的前10分钟时间。很多产品的用户流失，都发生在这短短的10分钟之内。每个用户打开产品进行使用的时候，都会事先带着某种需求或期待，一旦发现没有满足他们的需求或期待，就会立马退出使用。

有时候比起产品本身的性能好坏，更重要的可能是产品让用户初次体验后留下的印象如何，这直接影响到该产品是否能够留住用户。以软件为例，如果某软件产品性能很好，但注册和首次使用流程烦琐，那么就可能会直接"劝退"许多下载软件试图使用的新用户。而如果没有把握住新用户首次使用产品的"黄金10分钟"，那么无论产品后续推出何种活动，都不会达到预期的效果。

要知道，用户初次体验的形成时间必定都不会太长，因此产品往往只有5~10分钟的时间去展示自己，而这5~10分钟的新用户热度期就变得至关重要。

（3）培养核心用户。运营产品时，可以先通过有奖测试吸引早期用户，然后在这些早期用户中进行挑选，找出真正喜爱产品的核心用户，再通过组建核心用户群来对他们进行维护。

核心用户的用处有很多，除了支持和宣传产品外，还可以对产品提出有效建议，帮助产品进行更新升级。而维护核心用户的方法也不难，只要运营人员把他们当作朋友一样进行交流和关怀，时不时再送上一些产品优先体验等的特权，就可以很好地拉拢他们。

（4）**有针对性地进行推送活动**。运营者可以通过消息推送和策划活动来引导用户使用产品，提高他们的活跃度。但在推送消息和策划活动之前，必须先对用户进行精准的分类。例如可以将用户分为上班族和学生党，而上班族又可以继续根据具体的职位、薪资和工作年限进一步细分。有时候还可以根据用户的最后登录时间来判断他们是活跃用户还是沉默用户。用户的属性不同，推送的内容和文案也要有所区分。

相比于消息的推送，活动的策划更要注重针对性。用户属性不同，心理需求和行为习惯都会大不相同。例如学生有四六级考试需求，那么运营者就可以针对此进行相关的活动策划。这种策划可以直接戳中用户痛点，比起一些只凭借红包、实物等奖励来吸引人的活动，有时候效果会更好。

（5）**建立用户间的连接**。运营产品的时候，可以建立用户之间的连接，通过用户连接实现用户的拉新和活跃，增强他们对产品的黏性。建立用户连接这一技巧其实十分常见，尤其是网络游戏，玩家和朋友一起并肩作战，互相约着一起玩游戏，大大提高了用户在游戏中的活跃度。

（6）**进行用户关怀**。有时候用户参与活动，可能在意的并不是活动奖品，而是来自运营者的关注，因此运营者要学会对用户进行人性化的关怀。例如在用户生日的时候送上点小礼物，虽然礼物价值可能不高，但足以表达你的心意；也可以给用户不断的小惊喜和小意外，有效增强用户对产品的黏性。而且，用户关怀对于首次接触使用产品的新用户来说，效果往往格外明显。

5. 建立信任是提高转化率的关键

什么是转化率？所谓转化率，就是用户完成关键指标的比例多少，它可以直观显示出用户对产品的接受程度。转化率越高，说明产品功能越符合用户需求，产品体验越能让用户满意。而要想提高转化率，首先就要获得用户的信任。

如何获得用户的信任呢？可以从以下几个方面入手。

（1）**权威人士、名人背书**。很多人天生对权威有着信赖感，例如当我们关注健康问题时，常常会选择倾听医生建议。

除了权威人士外，用户也很重视权威机构的检测结果。作为个人，大部分用户对很多产品的技术领域了解不多，就会希望能有相关的专业机构帮助他们进行检测，以减少购买风险。比起产品运营方，这种第三方认证机构更容易得到用户的信任。

权威媒体也是建立消费者信任的重要载体，用户很容易信任那些名气大、专业性强的媒体，央视就是典型的例子。据了解，当初小肥羊品牌在央视投放广告进行宣传后，立刻名气大增，每天都能收到四五十个来自全国各地的加盟电话，这在20世纪90年代可是相当了不得的转化业绩。

此外，人们总是会容易听信他们熟悉、信赖的人的推荐。因此，如果你的产品可以得到专业权威人士或机构以及名人的推荐，那么就可以在获取用户信任感方面占得先机。

（2）**提供详细的产品使用说明**。有时候用户可能从未看过也从未听说过你的产品，在这种情况下，可以提供详细的产品使用说明，通过讲解产品的具体工作原理来增进用户对产品的了解，从而建立信任。

反言之，如果用户对产品不够了解，那么就算是受到别人的推荐，抑或是有大品牌背书，也很有可能无法完全信任产品，甚至拒绝使用产品。例如，一些互联网平台相关产品，很多人担心个人信息会被泄露，因此往往不愿交出自己的私密信息。这种对信息泄露问题的担心，本质上就是因为互联网平台对数据处理方式的不够透明，互联网平台无法详细说明自己所收集到的信息的去向，自然也就难以被用户信任。

（3）**让消费者自己体验**。要想进一步获得用户的信任，就要让用户亲自体验。这种方式在日常生活中十分常见。超市的冷藏品专柜附近就经常能看见一些推荐试喝的销售人员，他们热情地向来往的顾客派送酸奶等饮料的分装品，以宣传新品，觉得好喝的自然就会掏腰包购买。很多化妆品推出试用装，店家推出试用服务，也都是同样的营销手段。

（4）**用户口碑宣传**。运营者必须重视用户的口碑宣传。不仅要主动进行营销推广，更要让用户帮忙带动宣传。人们都会有从众心理，认为和大家一样就不容易出错，因此，如果身边的人都在使用某样产品，自己经常也会跟着使用该产品。例如，在品牌广告中，就常常会出现"××年销量遥遥领先"的宣传语，这便是利用品牌口碑和用户从众心理降低用户警惕性的经典做法。

（5）**重视产品质量**。无论实行何种运营策略，进行怎样的宣传包装，最终决定结果的还是产品质量。要知道，一旦产品出现质量问题，要想重新获得用户信任，难度可是最初建立用户信任的无数倍。因此，把好产品和服务质量关才是根本。

6. 参与感，有力打破转化瓶颈

近年来，"参与感"这一理念经常在互联网营销中被提起。这个概念的兴起源于小米公司的成功。2014年，小米公司联合创始人黎万强出了一本书，声称是小米公司口碑营销内部手册。在书中，黎万强提出了知名的"参与感三三法则"，一时被无数互联网从业者竞相模仿。

所谓参与感，就是指用户必须在产品的生产或传递过程中付出一定资源（包括时间、情感、行为等），才能顺利享受服务，其关键在于让用户参与到产品的生产或传递过程中去，而不再仅仅是单纯享受服务。这样一来，用户对于产品的控制感就提升了，和产品之间也会建立起更多的情感连接，更容易成为产品的忠实粉丝。而这，也有利于打破流量转化瓶颈，增强粉丝黏性。

要想增强粉丝的参与感，就要从以下3个方面入手。

（1）开放参与节点

所谓开放参与节点，就是要让企业向外公开开放自己进行产品生产和品牌销售的过程。很多企业其实不是很愿意开放节点，因为通过这些被开放的节点，用户就可以从中窥得企业的获利渠道和方式，很多环节都会受到用户监督，风险巨大。但是，只要有企业愿意做到这一点，那么就很容易获得用户信任，赢得早期的用户口碑。

小米公司就是开放参与节点的典型企业，从生产、制造、售后甚至研发，小米公司的各个环节都进行了开放，让用户参与其中。小米公司设计了互联网开发模式，让自己的MIUI开发团队在论坛上和用户直接互动，听取用户意见，进行软件的更新与改良。之前小米公司还向用户开放了自己的程序，如果用户懂得编程，甚至可以通过自己写程序来得到属于自己的个性化MIUI系统，真是无比大胆的举措。

因为在小米公司看来，他们与用户之间已经不再是单纯的客户关系，而是朋友关系，这种极高的用户参与感也是小米公司产品能够吸引如此多忠实用户的秘诀。

（2）设计互动方式

产品运营者在和用户进行互动的时候，还必须注意互动方式的设计。要记住，和用户展开互动的目的是为了维护和发展企业与用户之间的友好关系，因此在设计互动方式的时候，必须从用户的角度出发，进行多方面的考虑。互动方式应该尽量简单有趣，这样才能最大限度地吸引用户积极参与。如果互动方式过于麻烦，就可能丧失相当一部分参与用户，无法取得足够好的互动效果。

从这个角度来说，小米公司和粉丝之间的互动方式也十分值得借鉴。

小米公司在线上线下都举办了不少有趣的互动活动，例如线上的"小米手机随手拍"活动，通过转发或参与就有可能获得实物奖励。此外，小米公司每年还会在线下举办"米粉节"，来自全国各地的小米粉丝相聚一堂，共同体验小米公司的新品科技，这样不仅有效进行了商品宣传，还大大提升了小米粉丝的凝聚力和认同感，可谓是一举多得。

（3）进行口碑扩散

随着互联网的飞速发展，网络自媒体的门槛越来越低。从某种程度上来说，每个用户都是自媒体。每个用户在网上发表的评价都会影响到看到该评价的所有用户，因此一旦将互动内容做成话题，向外扩散口碑，就不仅可以影响到无数网络群体参与其中，还会放大已参与用户的成就感，让参与感形成风暴效应。以微博的热门话题为例，只要有话题上了热搜排行榜，就会吸引无数看到该话题的用户点击阅读并发表自己的看法和意见。因此，要想增强用户参与感，扩散口碑工作也极其重要。

小米公司创始人雷军就经常在社交平台上给小米的产品打广告，进行口碑扩散。无论是雷军参加大会时发微博的自我表扬，还是他转发的小米粉丝好评，实际上就是在向大家展示小米手机的高性能，让用户对小米手机留下好印象，从而增强用户对小米手机的信任感。

总而言之，营造粉丝参与感可以有力打破流量转化瓶颈，这在当下和未来的很长一段时间内，都会是网络营销研究的一个重点方向。

第七章 转化：流量激活，打破转化瓶颈

7. 生活方式倡导，勾起用户的情绪

人们面对一个新产品时，就算会被产品的某些特性吸引，也不一定会下定决心购买。要想让他们决定购买产品，就必须给予其一定的需求激发力。

激发力可以提高产品对用户的吸引力，给用户购买产品一个有力的理由。换言之，运营者可以通过对某种生活方式的倡导，勾起用户的情绪，让用户觉得自己需要该产品，从而成功激发他们购买产品的欲望。一般来说，运营者可以通过以下3个方法来实现这一过程。

（1）激发情绪

如果对于用户来说，你的产品不是必需品的话，就可以试着对他们的某种正面或者负面情绪进行激发，然后再将自己的产品与用户被激起的情绪联系起来。

所谓将产品与用户被激起的情绪联系起来，就是向用户进行产品功能宣传，告诉他你的产品可以帮助他克服哪些负面情绪，或者可以放大哪些正面情绪。例如学习培训类软件，就可以先营造出用户眼睁睁看着业余的空闲时间白白浪费的空虚情绪，然后推出业余学习实现自我成长的生活方式，给出用户使用软件进行业余学习来降低空虚感的解决方案，从而让用户对使用该软件服务产生兴趣。

但需要注意的一点是，虽然与正面情绪相比，负面情绪更能激发起用户心中的缺乏感，但要谨记适度原则。

（2）唤醒情境

在进行产品宣传之前，必须先思考该软件面对的是哪些目标用户，这些用户在处于什么样的生活情境时才会用到自己的产品。

王老吉凉茶曾经有一句知名的广告词，"怕上火，喝王老吉"，这句广告词无疑是一个能够成功唤醒情境的经典案例。对大众来说，"上火"这一情境十分普遍，发生的频率很高，容易唤醒用户的需求。那如果将"上火"这一情境改成"清热解毒"或者"祛除湿气"呢？广告效果恐怕就会大打折扣。诚然，清热解毒和祛除湿气也属于凉茶的功效，但因为这两种情境在日常生活中并不常见，发生的频率较低，因此就不容易激发用户的需求。

通过分析王老吉凉茶广告词这一案例，我们可以很清楚地看出情境出现频率对于激发需求效果的影响。一般来说，情境的出现频率越高，就越能激发用户对产品的需求。因此在进行产品宣传前，不仅要思考唤醒情境是什么样的，还要思考这种情境出现频率的高低。

要是想通过"唤醒情境"的方法来传播品牌，就必须先找到一个激发目标用户需求的情境。该情境不仅要和产品的某些属性或功能有关联，发生频率还要较高。通过宣传让用户形成条件反射，让他们以后只要遇到类似的情境，就会联想到你的产品，这样产品自然会大受欢迎。

（3）构建虚拟团体

除了上面两种方法，运营者还可以通过构建"虚拟团体"的方法来唤醒用户需求。

所谓构建虚拟团体，就是从目标用户的角度出发考虑问题，让运营者的行为在他们眼中更加合理化，从而增加用户对运营者的亲和力和信服力。

虚拟团体在日常生活中其实很常见，例如公司同一批入职的新职员，至少在一段时间内都会一起吃饭，形成一批"新人"团体。而这种新人团体，事实上就是一种虚拟团体。同样，同星座的人、同省份的人，都会形成虚拟团体。例如在北京遇到东北的老乡，这时共有属性"东北人"就会成为这个虚拟团体的基础。

品牌也可以根据自己的定位构建一个或多个虚拟团体，让目标用户从中找到属于自己的归属感，从而激发他们的需求力。例如百岁山的对外宣传语就是"水中贵族"，构建的就是讲究生活品质的高级人群这样的虚拟团体。

品牌在构建虚拟团体的时候，可以从以下两个方面入手：一是表明虚拟团体的形象和特征，可以直接利用宣传文案表明虚拟团体的形象和特征，也可以先在相关虚拟团体的典型群体中进行宣传，将品牌与该虚拟团体相关联；二是提供表达身份的方法，品牌构建的虚拟团体必须要和产品自身的某些特征属性相匹配，这样才能更好地激发目标用户将产品与虚拟团体身份联想到一起。

8. 饥饿营销：提高流量转化率

众所周知，在市场经济中，供给与需求的关系直接决定着商品的价格，也影响着商品的销售难度。当商品供给大于需求时，商品价格会随之下跌，此时对于市场中的商家而言，竞争加剧了，商品的销售难度增大；当商品供给小于需求时，商品价格会随之上涨，此时对于市场中的商家而言，市场竞争不激烈，只要有产品且能保证质量的情况下，商品的销售非常容易，几乎不需要付出太多努力。

所谓饥饿营销，顾名思义就是通过定量来营造商品稀缺的感觉，以达到热销或加价或让消费者迅速购买的营销方法。

实际上，在今天的市场营销行业，饥饿营销的应用是非常广泛的。如果你是一个直播购物达人，那么在观看李佳琦、薇娅等直播时，一定会经常听到类似这样的说辞："本次××商品全网最低价只限××份，先到先得，现在开始倒计时放购买链接，各位宝宝们请提前准备好哦，只有××份，错过这次，要等明年哦，3、2、1…十秒钟，已售出××件……现在只有××件了，是时候拼手速了……全部商品已售空，没有了，没有了……"

不管是直播"秒杀"活动，还是限时、限量抢购，实际上都属于饥饿营销。饥饿营销可以制造"稀缺感"，同时给消费者施加一定的压力，激发其内心的购物动力，从而可以达到短时间销售大量商品、有效提高流量转化率的目的。

那么，我们怎样玩转饥饿营销呢？

（1）饥饿营销的适用原则

饥饿营销的前提是产品，基础是强大品牌，关键是消费者心理因素，且必须具备有效的宣传造势作为保障。

饥饿营销的产品必须具有唯一性。纵观饥饿营销的经典案例，从小米手机到星巴克猫爪杯，再到优衣库KAWS联名T恤，所有的饥饿营销的产品都是唯一的。

关于饥饿营销的商业逻辑，在原小米公司产品总监王腾看来："小米的需求是第一波热度很高，所以会产生溢价，黄牛就会因为利益驱动进来抢货，导致更加供不应求。但如果小米真的准备海量货，线下的溢价就会不存在，线下就不愿意卖小米，只靠线上卖的量跟刚才说的做的海量的货就会产生巨大的库存，可能会导致巨大亏损。"

因稀缺而产生的消费激动叫作"稀缺效应"。只有具备唯一性的产品，才容易通过大肆宣传、有限供给来激活稀缺效应，从而达到短时间快速卖出大量商品、提升流量转化率的目的。

（2）如何制造商品的稀缺感

总的来说，制造商品稀缺感的方式主要有两种：一是与某明星合作推出限量款、联名款等商品，借助联名营销＋饥饿营销＋跨界营销的组合方式来营造商品的稀缺感；二是"找痛点""切中消费者需求"，饥饿营销必须有宣传造势作为保障，这也就意味着必须广泛吸引大众的关注，只有找到消费者的痛点，一针见血地切中其需求，才能赢得广泛观众。

需要注意的是，使用饥饿营销来提高流量转化率时，一定要谨慎。饥饿营销的效果很明显，但同样缺点也十分突出，倘若我们在不具备广大宣传、没有大量观众基础、商品没有唯一性等的情况下进行饥饿营销，那么，不仅不能达到预期目的，还会因为限制购买数量、限制购买时间等抬高购买门槛、营造商品稀缺程度的行为，把一部分本会购买商品的消费者拦在门外，导致一定的损失；此外，还会给消费者留下不太好的印象，流失用户和粉丝等。

饥饿营销简单来说就是商家吸引消费者、吊着消费者的一种手段，消费者反过来还会说这个营销方式好，但一着不慎则会被消费者厌弃。成败的关键在于对消费者心理的把控，在没摸清消费者心理的情况下，可千万不要轻易尝试哦！

第八章

裂变:让流量实现指数级增长

1. 裂变思维：拼多多的制胜法宝

说起裂变思维，就不得不提起凭借裂变这一法宝一举制胜的经典案例——拼多多。2015年，拼多多正式诞生，它的诞生其实与淘宝的优化调整有着不可分割的联系。

这一年淘宝在C2C电子商务市场进行了大规模的优化调整，淘汰了近10万家商家。而这些被淘汰的商家，大部分都是生产低价大众商品的商家，面对的客户主要是下沉消费人群。这些被淘汰的低端制造商家不仅有价格便宜的商品，而且运营经验丰富，对低价消费用户也十分了解。他们虽然被淘宝淘汰了，但对应的客户不会因此消失，下沉消费人群对于低价大众商品的需求依旧存在。只要有需求，就会有市场。

国家统计局的公开信息统计，2020年我国居民的人均可支配收入为32189元，其中，人均可支配收入中位数为27540元，如果按照1年12个月来换算，平均每个月还不到2300元，这还是算上北上广深这些大城市后统计出来的数据。

与大量低收入人群相对应的是大量新增上网人群。2018年以红米为代表的低价智能手机的普及，带动了三、四、五线城市乃至乡镇用户都加入到上网大军。据相关数据统计，这一年，大约有40%的农村用户成为网民，微信用户也一举突破10亿大关。

毫无疑问，这群庞大的微信活跃用户中含有大量来自三、四、五线城

第八章 裂变：让流量实现指数级增长

市以及乡镇的低收入人群。对于一线城市人口来说，拼多多上的便宜货可能是一种消费降级，但对于三、四、五线城市以及乡镇人口来说，拼多多给他们带来的更多的是一种消费升级。

拼多多的创始人黄铮曾经说过一句话："只有北京五环以内的人才会说这是下沉人群，我们做的不是低端市场，是大众市场。"要知道，低价产品有时候也并不意味着是假货，毕竟商品的价格和价值往往是对等的。在当下的市场，人们对于低价商品依然具有强大的需求，拼多多的创始人无疑看到了这些需求，才能大吃特吃渠道下沉的红利。

不过能看到商机是一回事，能抓住商机又是另外一回事。拼多多最先是通过微信用户进行引流的，因此一直有很多人觉得拼多多是靠微信的流量才兴起的，这无疑是一个错误的认知。其实微信对于拼多多而言，顶多只算是个引流的入口，要想做好产品运营，还得选好产品运营的方式。当初微信也将电商入口给了京东，但实际上，微信带给京东的引流贡献微乎其微，和拼多多相比差异悬殊。事实上，拼多多的制胜关键正是微信朋友圈的社交裂变。

对于互联网产品而言，成交机会与用户停留时间成正比，而微信用户在微信平台上停留的时间一般都远高于他们在其他平台上停留的时间。从这个角度来说，微信平台无疑是引流的最优选择之一。比较京东、淘宝和拼多多，可以明显发现这三大平台的商品主流品类有着巨大差异。淘宝的第一大品类是服装，京东的第一大品类是3C产品（主要指计算机类、通信类、消费类电子产品），而拼多多的第一大品类则是食品，这是由3个平台消费人群和消费频次的不同决定的。

淘宝和京东的用户大多数是通过搜索查找商品，而拼多多的大部分用户是通过商品推荐或者分享触达商品，基本是无意识地在页面浏览，因此最终购买的也大多是属于高频消费品的食品类。微信的流量属于休闲时刻的流量，也就是娱乐流量；拼多多玩的是拼团，经常有各种签到砍价活动，让用户即使不想买东西，登上平台也有事可干，与微信的使用场景十分匹配。

根据数据分析，拼多多的用户群体中有44%是通过跟熟人拼团来购买产品的，22%的人是通过邀请好友助力砍价来进行消费的。而无论是拼团也好，邀请好友助力砍价也罢，要想拿到更优惠的价格，都需要用户去通过社交拉新。拼多多上这些优惠活动的所有细节都是为了增加用户量设计的，本质上都是在利用小程序进行社交裂变。

2. 社交裂变，低成本快速引流

2020年，微信月活跃用户已经达到12亿人次。要想低成本地快速引流，社交裂变无疑是绝佳的运营手段。其实早在互联网出现以前，裂变形式就已经存在，只不过当时这种裂变主要是通过人与人之间的现实社交传播的。与人和人之间的现实社交相比，移动互联网社交网络更加方便快

第八章 裂变：让流量实现指数级增长

捷，可以迅速让社交裂变在低成本的情况下扩散开来。

社交裂变一般可以分为两种主要模式，一种是邀请返利的模式，另一种则是分享红包的模式。

（1）**邀请返利**。所谓邀请返利，就是邀请新用户则返还相应利润。这种模式在很多电商平台都很常见，例如在网易考拉或每日优鲜等平台，用户可以向外分享二维码或邀请码，一旦有新用户通过你给的二维码或邀请码注册或下单，你就能得到一定的现金或优惠券奖励。

（2）**分享红包**。所谓分享红包，就是用户分享红包给他人抢，他人抢得红包后可以从中获得代金券、优惠券等优惠折扣，以此来引导他们进行消费。美团外卖和滴滴的分享红包都属于这种模式。

社交裂变有两个主要特点，一是通过社交网络传播，二是将一部分利益让渡给参与裂变的用户以实现拉新目的。下面就根据社交裂变的这两个主要特点，来简单介绍几个进行社交裂变的经典营销方式。

（1）**邀请有礼**。所谓邀请有礼，就是让老用户通过邀请码等方式邀请新用户注册，新用户注册成功后，双方都可以得到一定的奖励。该活动还可以设置阶段性奖励，老用户邀请的新用户越多，得到的奖励越大，以增加用户的分享力度。需要注意的是，虽然现金奖励的诱惑力相对较大，但在推出现金奖励时必须根据实际情况做好预算调控工作，以免超出预算。

（2）**红包裂变**。所谓红包裂变，就是让用户体验产品后获得一个需要分享的红包，只要用户将红包分享到微信群或朋友圈，自己和朋友都能领到红包。需要注意的是，红包裂变的活动方式应当尽量简单，最好将完成步骤控制在3个以内，以免削弱用户的参与积极性。

（3）**免费体验**。免费体验的营销方式一般适用于提供虚拟产品或服务类商品的平台，例如网络课程服务。需要注意的是，用于免费体验的课程或服务一定要有一定的特色，最好是爆款，这样才能吸引付费用户，提高转化率。

（4）**拼团活动**。所谓拼团活动，就是让用户个人开团，分享出去，只要凑齐一定的成团人数，就可以团购的价格购买到该产品。

拼团活动是一种极为常见且有效的营销方式，不仅可以达到引流拉新的目的，还可以实现付费转化。一般需要个人开团自行分享组团的活动主要用于引流拉新，而电商平台上那些自主展示还缺多少人成团的大多是商家设置的营销模式，主要是为了通过页面的优惠力度和倒数时间的紧迫感吸引用户付费。

需要注意的是，拼团活动的产品必须具有大众化、实用性强的特点，以增强活动吸引力。此外，在难以实现成团目标的时候，还可以安排用户进行配合，以提高拼团成功率。

（5）**集卡活动**。所谓集卡活动，就是给用户布置一定的集卡任务，规定每完成一次任务就赠送一张卡片，集齐一定数量的卡片后就可以兑换奖金或礼品。

集卡活动的任务奖励也可以设置成阶梯型的，集得的卡片越多，能够获得的奖励就越大，这样不仅可以有效控制成本，还能对用户进行有效激励。另外，在集卡活动中，也可以设置好友之间相互换卡的规则，以增加活动的趣味性，增强吸引力。

（6）**分销活动**。所谓分销活动，就是让老用户分享自己体验较好的产品，只要有人通过他的分享链接购买产品，老客户就能获得一定的返利分成。需要注意的是，分销活动一般不能超过三级，不然很容易被封号。此外，分享时的海报以及文案也不可以过于直白，否则很容易被当成是诱导分享。

3. 口碑裂变，人人都是义务传播点

除了社交裂变外，还可以通过口碑裂变的方式提高自己的流量。所谓"口碑"，就是目标人群之间通过口口相传的产品推荐。目标人群首先对某个品牌或产品产生兴趣，然后形成消费需求，进而互相进行推荐。这种口碑传播的营销方式不仅可以大大节约成本，而且影响力远超过传统广告的传播，毕竟大部分用户会更信任自己认识的人，更愿意购买身边认识的人所推荐的产品。

（1）**用户推荐的三大驱动力**。要想获得更多的用户推荐，做好口碑裂变，首先要明白用户为何会推荐你的产品。一般来说，用户会因为以下三大驱动力而产生推荐产品的念头。

一是产品驱动。产品本身是重中之重，只要产品本身质量或相关服务

做得足够好，就绝对会有用户愿意将它分享推荐给自己身边的亲朋好友。而要达到这一点，就必须在产品的体验、模式、服务、性价比等方面下功夫，以获得和同行的产品相比的绝对优势。

二是精神驱动。所谓的精神驱动，指的是用户被产品所蕴含的某种内涵或精神所驱动，从而进行产品推荐的行为。精神驱动有时与产品是否能满足用户实际需求无关，只在于是否能让用户得到精神上的满足。

这种驱动策略在市场上其实十分常见，大部分以"情怀"为卖点进行宣传的产品，都是试图在对用户进行精神驱动。不过一旦过分使用"情怀"宣传却又无法真正展现"情怀"，无疑就会引起人们的反感，因此必须把握好煽情的"度"。

三是利益驱动。产品可以设计一些推荐机制，让老用户通过分享将产品推荐给好友，一旦分享成功，老用户就可获得一定的利益，以此提高用户推荐的积极性。需要注意的是，这里的利益不仅可以是现金等实物奖品，也可以是优惠券，甚至是解锁新功能或是延长VIP使用时长等虚拟产品使用权的奖励。

（2）**用户推荐的六大要素**。在进行口碑裂变的时候，不仅要注重产品的生产与制造，更要重视产品营销的方法和策略。

有些企业对营销不屑一顾，觉得"只要酒香，就不怕巷子深"，这无疑陷入了营销的误区。事实上，能让用户满意的产品只是口碑裂变成功的基础保障，虽然这一点必不可少，但若仅仅如此，自然是远远不够。在进行口碑裂变的时候，企业必须参考以下容易被用户推荐的六大要素，然后再在此基础上设计容易传播的口碑营销内容。

一是借势。所谓借势，就是以小博大，利用自然规律、政策法规、突发事件，甚至是竞争对手的势能来进行自家产品的宣传。百事可乐在最开始推出的时候，就进行了多个对比自己和可口可乐口感的蒙眼实验，并大肆进行广告宣发，通过"碰瓷"可口可乐，快速走进了人们的视线。这无疑是以小博大的经典案例。

二是利己。利己是人之常情，因此传播者可以通过利益将传播内容和目标群众相联系，以增加话题关注度和讨论度。例如"超级女声"的投票机制，就是利用传播者本身就是事件的利益主体，使其不仅自己关注、参与，更会主动传播并邀请亲朋好友来关注和参与，由此产生了强烈的倍增效应。

三是新颖。在如今信息更新迅速、新闻爆炸的网络时代，消费者对于广告新闻的免疫力急速增强，因此只有制造足够新颖的口碑传播内容才能吸引大众的关注与议论。张瑞敏砸冰箱事件曾给海尔品牌带来过一波超强的关注度，并引得许多企业争相模仿，可惜后续模仿者就再难获得如此高的关注度了。因此口碑传播内容一定要找好宣传点，争取做首发者。

四是争议。争议性话题总是更容易传播，但往往也带有一定的负面内容。因此企业若想通过争议性做文章，就必须把握好争议的"度"，最好能使争议在两个正面的意见中发展。

五是私密。越是秘密的东西，传播得越快。在进行口碑裂变营销时，企业也可以制造一些私密性事件，以提升大众探知与议论的兴趣。不过需要注意的是，制造私密性事件时千万不能故弄玄虚，以免让受众觉得自己被愚弄，反而对产品产生厌恶感。

六是故事化。要想让用户喜欢自己企业的产品，除了保证产品质量外，产品精神的被认同度也很重要。将产品精神故事化，可以更好地让用户了解你的产品精神，认同产品背后所传达的故事的内涵。

4. 怎样做好裂变活动的策划工作

要想策划出一个成功的裂变活动，前期准备和后续的维护工作都很重要。下面就来简单讲解一下怎样才能做好裂变活动的策划工作。

（1）做好前期准备

正所谓万事开头难，裂变活动的策划自然也是如此。如果能够做好前期的准备工作，那么后续的工作必然能够事半功倍。在策划裂变活动之前，必须做好以下几个准备工作。

首先，制订活动目的。成功的活动策划离不开明确的目的指向，在策划活动之前，必须先找准策划活动的主要目的。例如在用户增长期，要想迅速获得新用户，就应将活动目的明确定为引流拉新；若是已经积累了足够多的新用户，想要迅速转化这些新用户，就要将活动目的定为用户转化。

其次，进行用户调研。制订好活动的主要目的后，就可以开展用户调研工作了。具体做法是：先筛选出符合目的的用户群体范围，然后针对目标用户，进行问卷访谈等调研互动，了解他们的主要期望和需求，例如目标用户更想从活动中得到什么奖励,更喜欢什么形式的活动,以及是否愿意分享活动,更愿意将活动分享给哪些好友等。此外,同期竞品活动的分析工作也很重要。知己知彼,百战不殆,研究竞品活动可以帮助企业制订出在市场上更具竞争力的活动策划方案。

第三,准备奖品。做好用户调研,就可以根据分析结果投其所好,结合产品业务设置活动奖品了。

(2)**开始活动策划**

一是选择活动形式。裂变活动的形式有很多,下面简单介绍几种活动形式,以便大家参考。

①邀请礼遇。所谓邀请礼遇,就是鼓励老用户去拉新,拉新成功后给予老用户及被拉新用户一定的奖励,美团邀请好友就是邀请礼遇的经典方法。此外,该方法不仅可以用于用户拉新,也可以用于拉回旧用户登录,以挽回老用户,提高平台活跃度。

②红包裂变。所谓红包裂变,就是当用户完成某项任务时,鼓励他将活动页面分享出去,这样他和好友都能从分享的活动页面获取红包。该红包可以设置成不等额形式,随机抽取,只有一个人的份额最大,以激励用户积极参与领取。此外,该方法中的"红包"也可以换成优惠券或会员权益等奖励,只要能鼓励用户进行分享并带动身边的人转化即可。

③拼团团购。所谓拼团团购,就是让用户邀请他人参与购买,达到一定参团数量就可享受某个团购价格,该方法最常见于拼多多。

④助力活动。所谓助力活动,就是让用户发起活动,然后邀请一些好友帮忙"助力",以获取活动奖励。该方法中的活动奖励可以是大额优惠

券，也可以是某个免费产品，或是某个抽奖机会。需要注意的是，助力活动所设置的目标和任务都必须明确。

⑤集卡活动。所谓集卡活动，就是让用户完成某项任务，以获得卡片，集齐卡片即可获得福利。该方法可以有多种变形，还可以让用户之间交换卡片，支付宝每年的集五福卡活动就是运用该方法的经典案例。

二是策划活动规则。选择好裂变活动的形式后，就可以进行活动规则的策划了。一般来说，裂变活动的规则都很简单，大多是粉丝邀请多少人成功助力后就可以兑换活动奖品。至于邀请人数的设定，得根据活动预算等因素来进行综合考虑。

（3）进行裂变维护

要知道，打江山难，守江山更难。就算裂变活动成功了，如果不做好相关的维护工作，之前所做的一切很有可能全都白费。一般来说，只要有足够多的精准粉丝进行裂变，一般推广后的2～3小时就会迎来裂变的峰值。因此在进行裂变的时候，必须做好风控工作。

首先，需要准备好一定的承接账号，只要裂变得到的流量过大，就要及时进行账号切换。以公众号为例，一般每个公众号每天的涨粉数量应该控制在3000以内，一旦涨粉速度过快，就可能出现被迫清粉的状况，这时就需要多准备几个小号，以便对溢出的流量进行分流。

其次，用户在兑换产品的过程中也会产生各种各样的问题，因此客服号也必不可少。通过专门的客服号和用户进行沟通交流，帮助他们解决问题，这样可以大大增加活动的可靠性，提高用户对公众号的信任度，有助于后续活动的开展。

5. 一定要选好裂变的种子用户

种子用户往往对裂变活动的效果有着直接影响，要想选好裂变的种子用户，首先就要了解什么是种子用户。

所谓种子用户，就是一个APP或平台最核心的用户。种子用户不仅对产品有着较高黏度，增加平台活跃度，而且可以帮助产品进行免费宣传和拉新引流，以吸引到更多目标用户。优秀的种子用户还会在使用产品的过程中为产品的升级换代提供有效的建议，帮助产品变得更好，让产品的发展形成良性循环。

需要注意的是，并非所有的初始用户都是种子用户。种子用户需要挑选，产品运营商应当根据实际情况，制订挑选种子用户的标准，应尽量选择一些影响力大的活跃用户作为种子用户，这样才能得到较好的运营效果。

此外，在进行种子用户的引进时，比起数量，我们更应该注重种子用户的质量。除了影响力和活跃度外，用户的性格特点是否贴近产品调性也极为重要。

引进低质量的用户不仅不利于产品调性的塑造，无法扩散目标用户数量，还有可能因为产品和用户之间的不适合而造成用户流失，甚至让真正的目标群体对产品产生偏见，得不偿失。要知道，低质量用户的流失本质上与产品本身无关，而是因为没有找准目标用户才产生的。如果运营者无法意识到这一点，就会陷入营销误区，多走许多弯路。因此，种子用户在精不在多，从某种意义上来说，低质量的用户还不如没有。那么，如何获取种子用户呢？

要想获取种子用户，自然也要讲究方法和技巧。下面就来简单介绍一些获取种子用户的常用方法，它们对于成本低、预算少的企业来说，相当实用。

（1）**创始人亲自上阵**。现如今，产品开发者和用户之间的关系正在不断发生改变，越来越多初创公司的创始人开始亲自上阵，和种子用户沟通交流，意图营造两者之间平等友好的关系和氛围。

产品开发者和用户进行交流的同时，也是在传达品牌态度和产品价值。如果创始人能够亲自上阵，无疑更具有说服力，也能让种子用户更感受到被重视。

（2）**整合内部资源**。对于内部资源比较丰富的企业来说，整合内部资源无疑是一个十分划算的主意。例如，某企业集团，旗下有多个微信公众号矩阵，每次推新号的时候都可以先通过已有的微信公众号矩阵进行集中的推广引流。

此外，集团的内部员工也是十分有用的宣发资源，通过员工进行朋友圈宣发，不仅可以迅速实现增粉，还能低成本获得大量初始用户，进而实现初始种子用户的积累。

（3）**善用意见领袖**。人们往往更信赖权威人士的话，如果能够找到大V等意见领袖为自己宣传引流，结果自然会事半功倍。

当然，如果你不认识大V等意见领袖，也没有请他们进行宣传的预算，自然也有可以免费蹭流量的捷径。比如每天坚持去大V账号下回复留言，让更多大V粉丝对自己"脸熟"，也不失为一个好方法。

（4）**回答问题引流**。可以去论坛、贴吧、问答平台、微信群等平台，通过回答问题寻找自己的精准用户，从而完成引流。

以服装定制商家为例，可以每天去淘宝社区、百度贴吧，回答关于衣服搭配、定制的问题，找到精准用户后，直接引流到APP和公众号下单，这样既有效，成本又低。

（5）**推行优惠活动**。通过推行优惠活动，例如给予初次注册用户一些免费礼品或优惠券，从而吸引新用户，实现引流。该方法在日常生活中极其常见。

（6）**进行广告投放**。如果预算足够，最方便简单的方法自然是广告投放。广告投放可以更大规模地将你的产品展示给潜在用户，吸引潜在用户的兴趣和注意力。

广告投放的渠道有很多，在此就不再一一赘述。不过无论是自媒体宣传还是朋友圈投放，都要结合自身产品的特点选择适合的方式进行。

6. "诱饵"决定整个裂变活动的成败

要想让裂变活动成功，就必须选好"诱饵"。一个好的诱饵，可以有效筛选出精准用户，而这恰恰反映了他们的属性。因此诱饵的好坏直接关系到裂变活动的成果，必须多加重视。

一般来说，诱饵可以分成两个大类：虚拟类和实物类。虚拟类诱饵包括：虚拟资源（影视小说、简历模板等）、网络课程、虚拟服务（性格等测试类服务）、虚拟产品（游戏币、皮肤等）以及优惠券。实物类诱饵包括：自家商品（新上市、库存、小样等）、企业合作提供的资源、用户感兴趣的产品以及现金红包。

需要注意的是，现金红包作为诱饵虽然可以做到在短期内大量流量，但吸粉成本较高，而且吸引来的大部分人定位不精准，一旦发现后续无红包可领，就会毫不犹豫地离开，转化率较低。

选择诱饵并不是一件简单容易的事，其选择得好坏直接决定着整个裂变活动的成败。具体来说，选择诱饵要遵循以下原则。

（1）**相关性**。在选择诱饵的时候，必须保证你的诱饵和你的目标用户之间有着较强的关联性，这样才能成功实现裂变。以社群为例，如果你的社群是母婴类的，就可以选择儿童绘本作为诱饵，这样关注你的自然大多是"宝妈"，容易对你的社群服务产生兴趣；如果你的社群是护肤类的，则可以将化妆品收纳盒设为诱饵，吸引喜欢购买化妆品的用户。

（2）**高价值**。诱饵的价值越高，对目标用户的吸引力自然就越大。如果诱饵是实体奖品，可以前往电商平台找到该商品，在宣传时以该产品在电商平台上最高的价格作为诱饵进行宣传（也就是说你购买的奖品价格可以低于对外宣传的奖品价格）。如果诱饵是虚拟产品或服务的话，定价相对来说就可以比较随意，但还是要注意把握好"度"，不要过于夸张。

（3）**实用性**。在选择诱饵的时候，还必须站在用户角度进行换位思考，不同群体对于产品的实用性可能会有不同的见解。例如很多知识付费型商家喜欢将网络课程等虚拟服务作为裂变诱饵，虚拟课程对于想要学习知识的学生可能很适用，但对于"宝妈"可不奏效，她们往往更青睐实物奖品。

（4）**低成本**。在进行诱饵选择的时候，自然也要把控成本。虚拟产品或服务不仅成本低，而且可以多次利用，是很具有性价比的诱饵。如果诱饵是实物奖品，最好能找到商家进行合作，或是在电商平台货比三家，然后选择价格合适的进行批量购买。

那么，该如何选择裂变诱饵呢？一是要了解目标用户的痛点和行为习惯，选择符合他们需求的东西作为诱饵；二是要结合产品特性选择诱饵；三是要选择的裂变诱饵最好可以结合当下热点、节日，以增加势能；四是选择诱饵时可以参考竞品选择的策略和动向，进而有选择性地进行学习和模仿。

下面介绍五类高质量的诱饵，以供参考。

（1）**虚拟课程**。将虚拟课程作为诱饵，主要通过两种方式进行：一是可以要求用户完成一定的分享要求，截图给老师后再让学员进群，领取课程；二是将原价较高的课程设置成较低的拼团价，让用户通过组团购买课程，进而通过课程进行产品或平台引流。

（2）**电子资源**。针对不同人群，整理出不同的电子资料，要求他们完成关注或分享任务后才能领取。如目标群体是考研学生，就可以利用考研学习的相关资料作为诱饵。

（3）**线下活动**。线下活动也是获得高质量用户的好方法，比起线上，线下见面形式的活动更能获取用户信任。不过这种线下活动对诱饵的成本要求一般会比较高，因此在活动结束后必须想好用户的转化方式，避免让投入的成本打水漂。

（4）社群。所谓社群诱饵，就是以人脉和信息为诱饵，将来自各个行业的不同用户拉到同一个群里面，吸引他们加入社群。在进行以社群为诱饵的活动宣传时，可以向用户强调入群门槛、群中大咖或者资源的丰富性等。

（5）实物礼品。实物类诱饵种类丰富，是较常见的诱饵形式。在选择实物作为诱饵时，注意实物的种类和成本即可。

7. 实现裂变营销的必备工具

裂变营销具有较快的传播速度，可以以更低的成本帮商家实现更好的营销效果，提高用户的转化率，提升品牌的知名度，因此现在越来越多的商家开始青睐裂变营销。然而工欲善其事，必先利其器，要想做好裂变营销，就得学会相关的实用工具。下面简单介绍几个具体实现裂变营销的必备工具。

（1）海报工具。商家在进行产品宣传的时候，要先提前准备好用于产品宣传的海报。海报设计有难有易，就算是比较简单的海报设计，也要进行基本的排版操作。

如果你是一个从未接触过海报设计相关知识的普通商家，又不想花费资金去请专业的设计人员，就可以尝试使用一些网上入门级别的设计海报的工具，从零开始学习设计海报。这种入门级工具一般很容易上手，可以利用它们对海报的图形和文字进行简单处理，等操作熟练了再进行进阶学习也不迟。

（2）**微信辅助工具**。对于很多商家来说，微信都是与用户联系的重要阵地，不可丢失。在运营微信的时候，商家可以在自己的个人账号里设置自动回复功能，这是一个和用户沟通时很有效的小技巧。

很多时候商家可能出于种种原因无法及时回复消息，如果主动咨询的用户久久未能得到回复，就可能因等待而心生怨气。此时如果有自动回复，就可以有效安抚客户情绪。有时候自动回复还可以帮助解答一些基本的常见问题，能够大大减少沟通成本。

此外，商家还可以将个人账号设置成自动接收微信中添加你的新好友的申请，省去通过新好友的过程，直接和加自己的用户进行对话，再引导他们转发裂变海报并加入社群。

（3）**短链接**。微信上也有短链接服务，适用于百度的短网址和微博的短链接。商家可以利用微信中的短链接服务，将百度或微博等其他地方的信息链接发给用户，引导他们通过打开或复制分享链接来实现裂变。

（4）**裂变工具**。在裂变营销中，最关键的步骤就是裂变，因此商家必须提前掌握一些裂变工具的使用方法。在网上搜索裂变工具，可以得到许多结果，有付费的，有免费的，商家可以根据个人需要进行选择。一般来说，当微信群人数达到100人以上时，商家就可以使用裂变工具更新微信群的二维码，以方便更多新成员的加入。

（5）**多群直播**。随着直播行业的发展，现在网络上出现了形形色色的直播软件和平台，不少直播平台账号的流量可观，可以通过有效的宣传推广活动吸引用户，实现裂变。

商家在进行裂变营销的时候，也可以尝试在平台上开设直播账号，通过直播宣传自己。直播的成本较低，而且可以不受时间和空间的限制，让用户随时随地都可以详细了解产品。

多群直播工具也是一个非常好的选择，可以让商家在多个微信群里同时展开直播。在多群直播时不仅可以进行语音聊天，还能直接发送图片视频，十分方便快捷。

（6）**运营管理工具**。商家在建立好社群之后，还得管理好社群，运营管理工具就是用来帮助商家进行社群日常管理的。这类管理工具在网上有很多种类，商家可以根据自身需要进行选择，然后集中管理社群用户，提升社群成员的转化率。

（7）**微分销系统**。微分销系统不仅仅可以帮助运营者进行分销，还可以集供货、批发、代理、分销、零售、多渠道销售等多个模式于一体，面对PC（个人计算机）、微信、APP、微博、QQ空间等多个社交平台进行全网分销，从而实现移动端高效的管理。

微分销系统可以不断进行营销工具的升级与更新，通过新颖的电商运营管理模式大肆吸粉，从而实现交易量的有效增长。

第八章 裂变：让流量实现指数级增长

8. 如何避免"羊毛党"的狙击

所谓"羊毛党"，就是指专门游走于网络各大平台，通过获取各种优惠券和现金返利"薅"商家"羊毛"来获取利润的职业群体。

一般来说，互联网的金融和电商平台都属于饱受"羊毛党""薅羊毛"之苦的领域。"羊毛党"的行为模式大多是利用规则漏洞盈利，这种钻空子的行为虽然难以界定是否违反有关规章制度，但往往会对被"薅"的商家或平台产生巨大负面影响，甚至会导致商家亏损倒闭。

（1）"羊毛党"的玩法。要想避免"羊毛党"的攻击，首先得了解"羊毛党"的分类和玩法。

随着互联网购物的普及，现在互联网上的"羊毛党"也越来越活跃，甚至延展出一系列相关产业。总的来说，如今网络上的"羊毛党"大致可以分为5个种类：刷单类、任务类、黄牛类、黑客类以及漏研类。

一是刷单类。刷单类"羊毛党"一般会使用刷单或刷号的软件，来针对某一平台或某一活动进行刷单、刷票、刷量工作，凭此获得活动奖励。需要注意的是，较高级的刷单类"羊毛党"也会通过收集或购买用户信息来进行刷单、刷票、刷量，这种使用真实用户信息的刷单方式更为隐蔽，也更难被发现。

二是任务类。任务类"羊毛党"主要靠完成平台发布的指定任务来获取任务奖励，但他们完成任务单纯只是为了获得利益，一旦拿到奖励后便会放弃平台，难以转换成平台的真实粉丝。

三是黄牛类。黄牛类"羊毛党"主要利用信息差、优越的设备以及团队合作，提前垄断一些预期会有明显热度的产品，然后高价转手获利。

四是黑客类。黑客类"羊毛党"主要利用平台安全漏洞，攻击产品或平台的网络防护系统，成功后直接兑换礼品或倒卖数据获利。

五是漏研类。漏研类"羊毛党"是学术派，主要研究各个互联网平台活动间存在的漏洞，通过破解这些规则漏洞获利。

"羊毛党"主要通过钻互联网平台活动的规则漏洞盈利，随着互联网竞争愈发白热化，各大平台和商家为了抢夺用户争相推出各种活动，而这也让"羊毛党"有了更多赚钱的机会。

低端的"羊毛党"一般采用手动方式"薅羊毛"，他们通过个人之间互相转发和分享平台活动获利，而高级的"羊毛党"则会大量囤积用户信息，直接通过专业设备批量注册账号进行返利套现。

（2）如何避免"羊毛党"的攻击？通过对"羊毛党"常规玩法的分析，可以得知许多"羊毛党"是通过囤积用户信息进行账户注册从而牟取活动利润的，而这些囤积的用户信息大多是手机黑卡或是被倒卖的个人信息，因此商家可以通过以下几个方法来避免被"羊毛党"批量"薅羊毛"。

一是限制手机号。规定每个手机号只能绑定一个账户进行网络注册。

二是进行手机号验证。如果是倒买来的用户信息，手机不在自己手里是收不到验证信息的，可以有效减少"羊毛党"。

三是进行身份验证。验证用户的身份信息，如手持身份证合影等，这样购买他人信息的"羊毛党"是无法验证他人身份的,就不能利用他人信息进行批量注册。

四是限制用户资格。对用户资格进行限制,并非所有用户都可以无限制注册,如规定多次注册或个人信息不够完整的用户不能注册。

五是关注用户对网页的回访情况。许多"羊毛党"只是为了钻规则漏洞"薅"平台或商家"羊毛"才进行注册,对商品或活动本身并没有多少兴趣,自然也就不会经常浏览相关网页。因此观察用户对网页的浏览情况,也可以筛选出一部分只为"薅羊毛"的纯"羊毛党"。

六是观察用户购买速度。许多"羊毛党"的浏览和购买行为都只是为了完成任务,甚至有些浏览和购买行为都不是本人亲自操作,而是交由机器软件一键完成,这种浏览和购买行为的速度都会异常快。因此通过观察用户的购买速度也可以区分出一部分"羊毛党",某些浏览和购买速度过快的订单明显是异常订单,很有可能就是"羊毛党"所为。

第九章

精细运营,高效复用
每一字节流量

1. 用户需求采集驱动产品设计

所谓用户需求采集驱动产品设计，就是不以个人经验、领导决定或竞争压力等因素来决定产品设计，而是通过采集用户需求来驱动产品设计。

随着互联网的普及和发展，各类互联网产品也如雨后春笋般层出不穷。根据不同的分类方法，如今的互联网产品可以分成很多种产品类型，例如以终端作为分类标准，就可以将互联网产品分成电脑端产品和移动端产品；若是以形态来划分，则可以将互联网产品分成网页产品、客户端产品、互动产品、动态产品等。然而无论是什么种类的互联网产品，归根结底仍然都是用来满足网络用户需求的工具，因此用户需求才是产品设计的最大驱动力。一般来说，产品设计包括以下3个方面。

（1）**产品定位**。所谓产品定位，就是确定产品在用户心中的地位和形象。在进行产品定位时，我们要先思考产品所面对的受众群体、可以帮用户解决什么需求以及和同类产品相比它有什么优势，以此确定产品的核心功能和特色。

以微信和陌陌为例，它们虽然都是社交产品，但两者的产品定位可谓天差地别。微信主要是用来进行移动通信的产品，社交、应用、电商和娱乐等功能都是在移动通信这一基本定位上延伸出来的；而陌陌主要是用来进行同城交友的。微信和陌陌面对的用户群和用户需求是不一样的，那么它们的发展目标和路线也自然大不相同。

因此，产品最初面向的用户需求会确定产品定位，直接影响到产品的主要功能、用户服务等后续发展。

要想做好产品定位，必须明确以下3个要素。

一是做什么？ 首先可以对产品进行一句话的综合性概述，让用户知道这个产品的用处。需要注意的是，产品描述一般不宜过长，不能像一些产品说明书一样长篇大论地进行介绍而不得重点。

二是做给谁？ 在做好产品概述后，就要确定产品面对的目标用户了。在确定目标用户的时候，不仅要考虑主观情感因素，就是根据产品设计者的想法直接确定服务的目标用户；还要进行客观的调研分析，有初步的主观判断后，才可以通过具体的用户调研去分析哪些用户对产品需求高，从而筛选出产品的目标用户。

三是做啥样？ 所谓"做啥样"，就是找准产品发展的未来目标。可以先选择一个同类型的参照物作为假想对手，这样可以有效避免产品发展的大方向出现偏差。

（2）**产品决策**。产品决策的核心是用户需求驱动，因此首先要做的就是验证需求驱动是不是真实存在。有些产品只一味根据主观经验来判断需求驱动，而不去认真做实际的验证工作，这样极容易产生偏差。要知道，真实存在的需求只能来自真实存在的用户，因此必须做好用户需求的分析工作。

用户需求分析工作主要包括以下3个方面。

一是确定需求大小。商家可以通过对用户属性、场景和频率的调查分析来确定其具体的需求大小。将用户分为普通用户、目标用户和粉丝用户

3个组别,一般普通用户和目标用户所对应的需求较大,因此要优先满足这两种属性用户的基础需求,再去满足粉丝用户的特殊需求,以提高产品竞争力。

二是分析需求全过程。在分析产品需求时,要综合考虑满足需求的全过程,也就是要思考需求的目的、原因和行为。需求目的指的是用户的基础需求,需求原因是用户的真实需求,而需求行为则是用户会为满足需求而采取的行为措施。要想提高产品的竞争力,就要加强超出产品边界的需求全过程的满足。

三是保持需求的一致性。当进行产品立项或升级时,根据用户需求驱动采集进行产品决策,首先要判断用户需求是不是大需求,其次看是否可以满足分析需求的全过程,最后则要注意保持需求的一致性。如果新产品或新升级功能和原有用户需求一致,就可以进行产品决策,否则就要谨慎决策。

(3)**功能设计。**一个产品要想在市场上站稳脚跟,归根结底还是要做好其自身的功能设计。一般产品功能包括基础功能和核心功能两大方面。所谓基础功能,就是满足用户基本需求的功能,而核心功能则是指满足用户真实需求的功能,也是产品能否在同类市场中取胜的关键。

需要注意的是,核心功能虽然直接影响到产品销售的成败,但它也是建立在基础功能之上的。如果不做好产品必备的基础功能,只一味关注其核心功能,就等于是在建空中楼阁,同样难以长久。

2. 做好用户分类与差异化管理

要想做好产品的运营工作，就必须做好产品的精细化运营，这样才能高效复用每一字节流量，实现运营效果的最大化。

要做好用户分类和差异化管理，可以先对产品用户进行分类，然后针对不同种类的用户进行差异化管理。在这个过程中，如果能够做好用户分类工作，不仅可以大幅度减少推广成本，还可以让营销推广更精准有效。因此，用户分类工作至关重要。

很多人在进行用户分类时，喜欢将用户根据年龄、性别、地区或消费心理特征等因素进行分组，这样的分类操作固然简单快捷，但不利于精准营销，毕竟就算是同样年龄和收入的用户群体，其个体与个体之间还是会存在巨大差异。

例如，同样是20岁且月收入相同的杭州女性用户，对于是否要办某品牌瑜伽健身卡的意愿程度可能会大不相同，有的人可能在考虑是否要进行健身，有的人可能在考虑是否要选择瑜伽进行健身，还有的人可能会考虑是否要选择这个品牌进行瑜伽健身。由此可见，在你认为是相同分类的这群用户中间，有人正在犹豫是否要健身，有人正在考虑选择哪家瑜伽健身会所，如果用同样的营销方式对待她们，自然就会浪费许多不必要的营销成本。

那么究竟该如何才能做好用户分类呢？可以按照用户需求的认知阶段

来进行目标用户的分类，来实现精准营销。

很多用户对某个产品或需求都有自己的认知阶段，在不同的需求认知阶段，所要解决的需求也不一样。例如，某女性用户发觉自己的皮肤变差了，这时她的需求处于"为何皮肤会变差"的认知阶段，还没达到"要用什么产品改善皮肤状况"的阶段。如果这时你直接向该用户营销自家护肤产品有多好，不仅推销成功率不高，还有可能引起对方的反感，造成反效果。

不同需求认知阶段的用户，需要解决的营销问题也会有所不同。由此，可将目标用户按照需求认知阶段分为以下5种类型。

（1）**迷茫型用户**。迷茫型用户一般处于不知道自己问题是什么的需求认知阶段，因此针对这类用户，要做的营销应该是帮助他们认识到自身问题产生的原因。当他们得知问题原因想要知道如何解决时，此时再推出解决方案，顺理成章地推广自己的产品。

例如，用户发觉自己最近胃口不太好，你就可以先在宣传中分析这类用户胃口不好的原因，让他知道自己胃口不好可能是因为肠胃不调等，然后提出肠胃不调的解决方案，最后展示自己产品的卖点，告诉用户为什么你的产品能更好地解决他的问题，是他解决病痛的最好选择。

（2）**问题型用户**。问题型用户一般处于知道自己问题但仍在寻找问题解决方法的需求认知阶段。因此针对这类用户，最应该做的营销工作是直接说出解决问题的方案和产品。

例如，某用户已经知道自己的一些身体问题是因为过于肥胖，但不知道如何去减肥，这时你就可以直接在广告宣传中告诉他健身减肥的方案，然后展示你家健身房的最大卖点,为什么适合这类用户去减肥。

(3) **搜寻型用户**。搜寻型用户一般已经进入开始锁定产品的需求认知阶段,他们知道自己的问题和解决方案,但还不知道应该选择什么产品。因此针对这类用户,最应该做的营销工作是说出你的产品和产品的特色卖点。

例如,某用户知道自己是油性皮肤,想要选择适合油性皮肤的护肤品,这时你就可以直接向他推广你的产品,展示产品卖点,如控油效果好、在同类型护肤品中较优惠等,以吸引用户购买。

(4) **评估型用户**。评估型用户一般已经锁定了产品,处于知道自己该买哪个品牌的产品但正在犹豫是否要购买的需求认知阶段。因此针对这类用户,最应该做的营销工作是解决他们对于品牌的信任等顾虑问题。

例如,某用户想要换小米手机,但因为担心质量和售后等问题正在犹豫是否要购买小米品牌手机,这时你就可以通过名人推荐或测评事实等营销手段来打消他的顾虑,让他坚定决心购买。

(5) **决策型用户**。决策型用户一般处于已经确定要购入商品,但还在观望优惠的需求认知阶段。因此针对这类用户,最应该做的营销工作是直接推出相关优惠和激励措施,为他的购买行为做最后的助力工作。

例如,某用户打算购入联想某型号电脑,已经加入购物车了,但一直没有确认订单。这时若是该商品突然进入限时促销状态,那么他就极有可能马上下单购买。

3. 组合式营销，提高用户的客单价

所谓提高用户客单价，就是要增加每位用户的购买金额，组合式营销是提高用户客单价的有效方法。下面就来简单介绍几点组合式营销的活动思路。

（1）**促成用户多买商品**。可以通过以下几种促销活动，给用户一个多买商品的理由，这是提升客单价的基本途径，可以迅速有效地提升客单价。

一是降价促销。商品价格一般都具有一定的弹性，因此对于那些价格弹性较大的商品，可以进行降价促销，通过降价来刺激用户多购买商品，提升他们的购买数量。

二是捆绑销售。捆绑销售其实是一种变向的降价促销活动，例如将店里的某两件商品捆绑，以较优惠的组合价进行销售，这样不仅可以提高同类商品的销量，还可以增加单个用户的消费金额。

三是买赠活动。买赠活动常见于新品或滞销品的促销活动中，活动形式和捆绑销售类似，也可以刺激其他商品的销售。

总而言之，商品组合可以促使顾客购买更多的商品，从而有效提高客单价。但在促成用户多购买商品的过程中，商家也要考虑关联性商品和非关联性商品，可以利用不同商品之间的互补性去刺激顾客购买。

（2）**设法让用户购买价值更高的商品**。当用户的消费量固定时，商家可以通过店铺里的陈列布局和促销手段，设法让用户购买价值更高的商品。

例如将价值更高的商品放在更醒目的地方，这是一种常见的商品陈列技巧。这样可以在无形中推动消费者进行消费升级，从而有效提升客单价。

（3）进行数据分析。销售数据分析是十分重要的运营工作，商家可以根据自身的信息化程度进行数据分析，从而提升客单价。

一是利用企业会员系统数据。通过分析企业会员的系统数据，可以对会员进行消费行为画像，进而有针对性地对他们展开营销。

所谓会员个人消费行为画像，就是通过分析会员的消费信息和登记资料，根据会员的社会属性、消费属性、个人偏好属性、时尚属性等构建多维视图，建立相关模型。会员的性别、年龄、爱好等不同，消费习惯也会大不相同。根据会员的个人消费行为画像，可以较为准确地进行促销活动，不仅可以使商家营销成本大幅降低，还能让营销的命中率和效率都大幅提高，具体包括以下两种方法。

①会员关联营销。不同的会员会选择不同的产品，利用会员管理信息系统中的会员信息获取会员的购物清单并进行分析，找出那些关联性比较强的单品，在促销活动时就可以将它们进行复合陈列，吸引会员购买，这就是通过会员关联促销强化会员的组合消费行为。

②会员针对性营销。根据会员个人消费行为画像，可以找出各个品类中的忠诚消费者和影响力较高的"带头"消费者，他们对身边的消费群体会产生较强的示范和引导作用。商家可以列出这种对其贡献率较高的会员，然后针对他们推出适合的促销活动。

二是利用品类分析。有些商家没有健全的会员管理系统，抑或建立了客户管理信息系统但无法很好地采集和统计到有用的数据。这类商家难以进行会员系统数据分析,但可以利用品类分析的结果来提升客单价。总体而言,通过品类分析可以得到以下信息。

①通过品类分析判断发展趋势。商家通过产品品类分析,可以对重点品类、品类单价、品类结构、品类成长性、品类集中度等信息有所掌握和了解,从而判断出品类的发展趋势,进行品类档次的提升引导。

②通过品类分析创造消费高峰。季节不同,节假日不同,品类的消费表现也会有所不同。商家通过品类分析,可以知道不同品类在不同时间段的表现差异,通过品类与季节、节日等的消费共振来创造消费高峰,提升客单价。

③通过品类分析了解促销结果。促销是为了刺激用户购物,带动品类销售额增长。因此商家要进行有效的品类分析,对促销结果进行跟踪了解,以不断优化改进促销活动方案。

4. 有效提高用户复购率的小技巧

随着网络购物的不断发展,电商已经开始进入流量红海阶段,商家的引流拉新成本也在不断增高,因此维护好老客户、提高用户复购率对于商家来说就变得愈发重要。

复购率可以分为用户复购率和订单复购率，其中用户复购率是指在单位时间内，购买两次及两次以上的用户占购买总用户数的比例；而订单复购率则是指在单位时间内，购买两次及两次以上的订单个数占总订单数量的比例。

如今电商领域所说的复购率一般是指用户复购率，它可以直接反映用户对产品的忠诚度。用户回购次数越多，对产品的黏性就越强。而除了商家的运营方法和营销触达外，影响用户回购的基础要素主要有以下三种。

（1）**商品质量**。商品质量是影响用户复购率的最主要因素，只有商品质量过硬，用户才会愿意回购。现在有些品牌只一味热衷于营销推广，却不重视商品本身的含金量，这无疑是一种本末倒置的行为。如果商品具有较严重的质量问题，那么无论采用何种营销手段，都难以提升复购率。要记住，商品质量是关键，所有的营销手段都要建立在商品质量过关的前提下。

（2）**服务质量**。服务质量会直接影响到用户的满意度，快速、专业、礼貌的客服回应可以大幅提高用户的好感度，进而有效提升复购率。

（3）**物流满意度**。物流也是用户进行网络平台购物选择时会考虑到的重要因素。无论是物流的速度、服务质量还是服务态度，都会影响用户的满意度。因此，品牌在进行物品配送时，也要注意合作物流的情况。

要想提升复购率，不仅要注重产品质量，更要做好产品的运营推广，这样才能实现可持续发展。一般来说，提升复购率可以采取以下两大策略。

（1）**注重产品制定**。无论什么行业，产品都是最重要的。需要注意的是，产品可不仅仅只是内容，相关的体验和服务也属于产品的重要组成部分。例如网络课程这一产品，课程本身是产品内容，但这并不意味着只要课程内容足够好一切就万事大吉了,用户在使用及购买课程时会关注相关功能的体验感,以及课程售前、售中、售后的服务,尤其是一些与课程相关的改作业、答疑服务,都是网络课程产品需要重点注意的。

一是提升内容质量。 内容质量是留住用户的关键。只有内容质量足够好,用户才会持续购买,因此提升内容质量是保证复购率的前提。

二是提升产品体验。 所谓产品体验,就是用户在购买和使用产品的过程中对相关内容的体验感。仍旧以网络课程为例,如果课程内容讲得特别好,但课程播放总是卡顿暂停,让用户在听课时的体验感特别差,那么他们还会考虑复购吗?这无疑会"劝退"许多本来满意课程内容有意复购的用户。因此,提升产品体验也是商家需要认真考虑的方面。

三是提升产品服务。 所谓产品服务,就是产品售前、售中、售后的服务。售前服务直接关系到用户是否会选择购买,而售中和售后服务则对用户的复购有着重要影响。要知道,用户和商家并非是"一锤子"买卖,如果只设法让用户购买产品,卖完东西后便不管不顾,则是无法让买卖长久的。反之,如果能做好售后服务,不仅可以获得回头客,提升复购率,还能得到良好的口碑,有助于对产品进行宣传拉新。

(2)做好产品运营。

一是建立用户内推奖励机制。 所谓内推奖励机制,就是针对老用户制定奖励机制,引导他们帮助推广产品,推荐给身边的朋友购买。

二是设立会员体系。 会员体系可以有效提升用户黏性,相关操作方法也很多,例如会员等级体系、会员尊享活动、积分换购、会员成长体系等,淘宝的淘气值就是会员体系的典型应用。

三是使用大数据进行推荐。 通过大数据分析用户的消费习惯和浏览行为，就可以预测出用户近期有意购买的商品，对用户进行精准化推荐。以网络课程为例，如果用户近期购买了大学英语四级考试相关课程，那么就可以推断他是有英语等级考试需求的人群，后期可以进一步给其推荐大学英语六级考试或是雅思、托福等相关课程。

5. 用户行为分析：挖掘潜在需求

近几年来，电商之间的竞争愈发激烈，每年又是"6·18"又是"双十一"，每逢节日必定花式推出各类促销活动，将价格战打得轰轰烈烈。然而在网络竞价之外，已经有越来越多的商家开始注意到大数据的妙用。通过对大数据的收集和利用，可以进行用户行为分析，挖掘出用户的潜在需求，从而领先其他商家一步抢占商机。

（1）**收集用户行为信息。** 所谓用户行为信息，就是指用户在网站上所产生的所有行为信息。这些行为信息不仅包括用户在购物平台的搜索浏览记录、购物车商品列表、收藏及购买的商品信息、退货行为及购物评价等，还包括其在第三方网站上比价、参与讨论、寻找相关测评，甚至与好友之间的交流对话等。

其实传统门店也可以收集信息，但大部分都是交易信息，只有部分常来的老顾客可能会留下一些个人喜好等其他信息。与传统门店相比，电子商务可以收集到的信息量无疑要多得多，而且除了交易信息外还能收集到大量用户在购买前的行为信息，而这些行为信息又可以深度反映出用户潜在的购买需求和购买意向。

例如，某用户连续浏览了5款护肤类产品，其中4款来自国外品牌，1款来自国内品牌；4款适用于干性皮肤，1款适用于油性皮肤；5款的价格分别为459元、519元、549元、599元、799元。通过分析以上这些商品浏览信息，就可以大体得知该用户对于护肤品牌的认可度及倾向性，如比较偏向国外品牌、中高端价位且适用于干性皮肤的护肤品。

当然，上面的案例只是对于用户浏览商品信息的简单分析，真正的大数据分析需要考虑到的数据素材维度要更多，能分析出的结果也更精细准确。

（2）分析用户行为信息。 一般来说，可以从以下3个方面来分析用户行为信息。

一是对用户展开多维度分析。 可以从用户的地域、性别、年龄等人文属性入手，对用户首页的商品推荐信息进行筛选，提高商品推荐的相关性。如果用户是杭州的年轻妈妈，就可以给她推荐母婴类用品，抑或杭州附近的亲子游玩项目，通过用户的普通属性挖掘他们的潜在需求。

二是分析用户过去浏览、点击、购买过哪些商品。 结合相关商品的价值、购买频率以及最近一次购买时间等信息，对用户的购买行为进行量化，从而产生对于用户价值的评分。对不同价值的用户进行评分，预测他们接受推荐商品的难易程度，再根据这些评分和预测有针对性地决定以后向他们推荐不同的商品细类,从而提高反馈率。

三是分析用户的商品购买记录。对订单的折扣比例、商品种类等进行统计归类,从而预测用户的可能兴趣点。需要注意的是,"用户行为信息"是会不断增加和变动的,因此大数据对用户的分析和预测也要根据实际情况实时更新。

(3)**进行个性化推荐**。通过分析这些用户的行为信息,就可以针对用户进行个性化推荐。例如当用户浏览了多款护肤品却没有进行任何购买行为的时候,就可以在一定周期内,在首页或相关推荐里向用户展现其他符合用户需求的护肤品商品供其选择。这是在唤醒用户的潜在需要,进而通过引导推动用户进行购买的行为。

个性化推荐服务经常可以捕获用户的最佳购买冲动,不仅可以增强用户的购买意愿,大大缩短用户购买产品的路径和时间,还能减少传统营销方式对用户的无效推广,通过精准营销提高用户的体验感,因此一般来说都会取得比较好的效果。

6. 贴心售后,延长用户的生命周期

所谓用户的生命周期,就是指用户从初次使用某产品或某平台,直到

第九章 精细运营，高效复用每一字节流量

最后一次使用该产品或平台之间所间隔的时间。

在传统的用户运营中，一般会将用户的生命周期分为5个阶段：新手期、成长期、成熟期、衰退期以及流失期。新手期用户开始感受产品价值，成长期用户开始养成使用习惯，成熟期用户处于活跃状态，但到了衰退期，用户就要开始流失了。

从某种程度上来说，用户的生命周期就是企业产品生命周期的演变，用户的生命周期的长短直接影响企业产品生命周期的长短，因此延长用户的生命周期对运营者来说是至关重要的任务。而贴心的售后服务能够有效增强用户对产品的黏性，减缓用户流失，无疑是延长用户生命周期的重要策略。

要想做好售后服务，首先得弄明白3个重要问题，即售后服务的目标是什么？做好售后服务需要哪些能力？如何达成售后目标？只有明确了这三点，才能将售后服务做到无懈可击。

一般企业的售后服务目标有四点：增加用户满意度、提高服务效率、降低沟通成本以及提高服务营收。只有根据以上四大目标，再进一步结合客户实际情况，不断调整售后服务策略，才能制订出具有可行性的系统性方案。

要想做好售后服务，必须在客户管理、团队管理以及工具和运营上都具有一定能力才行。

（1）**用户管理**。运营者必须明确经营目标，了解市场环境，结合产品特点，为用户提供他们所需要的产品售后服务。在与用户沟通时，运营者还必须善于聆听，在对话中发现用户需求，及时制订解决方案。

（2）**团队管理**。在制定售后服务制度和流程时，运营者还必须结合企业、产品、用户等多方面的需求进行综合考虑。此外，运营者还要结合业务需要和员工的水平，建设相关培训体系和知识库，在管理团队时也要尽量采用人性化的方式，这样才能让团队成员有归属感，避免人员流失。

（3）**工具和运营**。运营者还要进行业务流程的梳理，熟悉数字化的工具并将流程线上化，通过数字化工具管理客户和团队，在提升工作效率的同时服务好用户，提升用户满意度。

那么，具体来说，如何达成售后目标呢？

（1）**学会使用工单管理系统**。对售后服务人员而言，用户服务中最重要的工作莫过于服务工单了。工单管理系统可以帮助售后服务工作流程化、线上化，而专业的工单管理工具则可以进行精细化工单管理，从流程的角度管理时间，发现问题，及时纠正。完成服务交付提高客户满意度，增加收入，并尽可能减少服务成本，保持商家服务业务的利润最大化。

（2）**统一管理客户信息**。在进行售后服务时，所有的服务活动都是以用户为中心展开的。通过专业用户管理系统，可以将联系人的个人信息、产品信息、服务记录等全都关联起来，进行统一管理和查询，方便推送客户服务提醒。

（3）**进行库存管理**。建立库存管理系统，让所有备件出入库都能统一管理、搜索和导出，这样可以方便售后客服人员对公司产品库存和售货商品的了解，当客户需要进行退换货时，售后客服人员就可以更快地进入退换货处理流程。

（4）**数据统计表格化**。对售后客服工单数量、用户满意度、用户成本等数据进行表格统计，直接与客服人员业绩奖金相挂钩，从而对售后客服进行有效激励，达成售后目标。

此外，在进行售后服务时，还要尽量谨慎使用自动回复功能。虽然自动回复功能有助于节省时间成本，提高工作效率，但自动回复功能也不是万能的，有很多涉及具体应用场景的问题还是必须依靠人工回复解答。如今有些商家一味依赖自动回复，很少甚至没有人工客服与用户对接，这样不仅会造成用户的沟通障碍，更会损害用户对品牌的信赖感，甚至导致用户流失。

7. 让老用户主动帮助拉新

每个人都身处社群之中，社群中的每个人都是相互连接的。从理论上来说，只要你的产品有一个老用户，这个老用户身边就会有无数个和他特征相似的亲朋好友，有望成为产品的潜在用户。因此要想拉新，除了常用的市场投放宣传外，还可以通过社群，引导老用户帮忙主动拉新。

与市场投放宣传相比，这种社群拉新不仅成本低，而且因为是通过口碑传播进行引流，转化率也相当可观。然而要想做到让老用户在社群内帮助拉新，必须做好以下工作才行。

（1）**找准活动目标用户**。既然想让老用户帮忙拉新，那么活动目标用户自然就是老用户。然而并非所有使用产品的用户都是老用户。所谓老用户，不仅要有重复购买产品的行为，还要具有一定的活跃度，经常在产品社区活跃或是给产品提出反馈建议。

要想找到老用户，可以在运营时收集用户行为数据，给拥有以上特征的用户打上相关标签，进行分组，这样在做活动的时候就能够轻松找到你所需要的目标用户了。此外，CRM（客户关系管理）系统或者一些活动运营工具也可以帮忙寻找老用户。

（2）**进行用户激励**。要想让老用户主动帮忙拉新，最好用的方法就是给予其一些物质奖励，以激励他们进行分享引流。一般来说，这种用户激励最好是双方互利的，也就是要让推荐人和被推荐人（老用户和新用户）都能获得收益，这样才能更有效快速地实现拉新。

按照新老用户所获奖励，可以将市面上的利益奖励方式分为两种。

一种是老用户推荐新用户，新老用户获得同等奖励。该利益奖励方式的经典案例是优步。优步早期推出了分享优惠码的活动，每个老用户都会生成特定的优惠码，只要将他们的特定优惠码分享给新用户进行注册，双方就都可以获得一定的大额乘车优惠券。

另一种是老用户推荐新用户，新老用户获得不同的奖励。该利益奖励方式的经典案例是丽芙家居。除了上述奖励方式之外，丽芙家居还设定了连续性奖励和阶梯性奖励，例如老用户每成功邀请一个新用户下单，就可以获赠20元账户现金，累计最高能送600元。这也就意味着在该活动中1个老用户最高能带来30个新用户，数量相当惊人。

（3）**创造方便老用户推荐的传播途径**。要想通过老用户拉新用户的方式进行引流，就必须考虑如何才能更加方便老用户向新用户推荐产品，以增强传播速度和力度。下面简单介绍几点在创造方便老用户推荐的传播途径时需要注意的地方。

一是足够醒目的活动广告位。在策划邀请新用户活动时，设计或投放的活动广告位必须足够醒目，可以让用户轻易地注意到邀请新用户的引导按钮。从运营角度来看，邀请新用户是一种以老带新的活动，必须要保证它能被用户看到，并能引起用户兴趣进而参与其中。而要想做到这一点，就得重视活动的投放管理工作。

二是有社交话题性的传播内容。用老用户带新用户的引流手段实际上是通过老用户和其好友之间的社交联系来进行传播的，因此传播内容的话题性越强，就越容易得到用户的自发传播，传播的效果自然也就会更好。因此，活动文案必须生动，最好能够直击用户痛点。

三是较低的获取奖励门槛。在设计以老带新活动内容时，最好将老用户获取奖励的门槛放低，这样才能对老用户有足够吸引力，可以更好地激励他们去邀请新用户。如果老用户获取奖励的门槛设置过高，很容易劝退老用户，无法取得良好的传播效果。

四是基于熟人社交的以老带新分享渠道。一般用老用户带新用户的引流手段都是建立在熟人社交的推荐基础之上，因此在进行相关活动设计时要注意考虑实际运营需求，邀请好友的分享机制一般应以默认的微信好友、朋友圈、QQ好友、QQ空间、短信等熟人社交渠道为主，微博、陌陌、豆瓣群这种更偏向于陌生人社交的渠道可以作为拓宽渠道。

8. 亡羊补牢，做好用户流失分析

用户日益减少，销量逐渐下滑……这一切，都在指向一个明确信号——你的用户正在流失。要想亡羊补牢，就必须做好用户流失分析，弄清流失用户的分布特征和流失原因，然后对症下药，挽回用户，减少用户流失。

用户流失分析的目标是控制流失率，因此商家应该就以下三类问题，关注用户流失的原因。

（1）**事件型问题**。所谓事件型问题，就是由一次或多次事件引发的短期流失率波动。

一般来说，缺货、涨价、系统缺陷、用户投诉、对手低价竞争等负面事件都会影响用户群体活跃度，引发用户流失。该类负面事件的识别难度较低，处理方法也很简单，只要做好事件归类，找到问题原因，锁定受影响用户群体，然后对症下药即可避免。

值得注意的是，有时候正面事件也有可能会导致用户流失，尤其是用户拉新、促活、留存、唤醒等。这类正面事件所推出的优惠活动容易吸引逐利的"羊毛党"，而"羊毛党"普遍流失率较高。此外，很多运营方为了美化数据，也会减少限制，留下一定的套利空间，而这也会大大削弱正面活动的效果。例如在拉新活动期间，因为拉新活动产生的用户流失率明显会比正常新用户高。因此在进行活动策划前，就必须做好全面评估，提前考虑到相关后果。

（2）**系统型问题**。所谓系统型问题，就是公司整体流失率高于同行或经验水平，并且一直居高不下的状况。系统型问题的症结只在于一点，那就是自家产品的质量比同类型竞争对手的差。因此面对这种情况，只有找到产品本身的问题，才能实现降低流失率的破局。

解决系统型问题，需要一个长期的过程。在这个过程中，公司先要选择一个同类型产品作为参照标杆，然后找到自家产品和对手产品之间的差距，再设计解决方案进行测试，记录测试结果，观察数据变化，在一次次测试中不断积累经验，改进产品，从而降低流失率。

（3）**持续型问题**。所谓持续型问题，就是指流失率从某一时间开始不断增高，且一直没有好转的迹象。持续型问题所导致的流失率变化一般都只是在小范围内反复波动，而不会持续得特别严重。但这些小波动往往很难被完全识别，因此持续型问题也总是最难被解决。遇到此类问题，只能先设立观察指标，并持续保持追踪观察，之后再逐步寻找线索。

在进行用户流失分析的时候，也要注意避免下面几个常见错误。

（1）**试图留住每一位用户**。很多运营新人很容易陷入一个误区，那就是对于辛苦积累的用户过于恋恋不舍，一旦发现有用户流失，就立马开始大费周章，或是发券或是抽奖，试图留位每一位用户，结果不但没能培养出死忠粉，反倒把经费都"烧"完了。而那些被优惠暂时留住的用户，大多见日后无利可图，就立马跑个精光，只留下一片狼藉。

事实上，用户流失是一件不可避免的事情，运营人员没有必要做到百分之百留存用户，一般地，做到注重核心用户即可。要明白，在做避免用户流失的工作时，只要做到将流失率控制在一个可接受的水平即可，而非强求绝对的零流失率。

（2）**试图弄清每一个用户流失的原因**。在进行用户流失分析的时候，运营人员很容易陷入一个误区，那就是试图弄清每一个用户流失的原因。然而要想找出所有原因是一件很难的事情，毕竟你不可能一丝不差地收集到所有数据。因此在分析用户流失原因时，只需要尽量控制可控因素、减少明显错误就行，不要过于纠结其他。

（3）**只看流失率不看活跃度**。另一个非常常见的错误就是只看流失率不看活跃度的行为。流失率这一指标是相对滞后的，用户可能离开平台很久之后，才会在数据上明显体现出"流失"的征兆。因此要结合流失率和活跃度进行综合分析，尽早关注影响用户活跃度的事件，紧密跟踪核心用户活跃度，这样才能把控实时状态。千万不要在流失率实际增高以后才开始分析活跃度，那时为时已晚，早已回天乏术了。

9. 有个性，才会有未来

互联网发展到现在，主要经历了4个阶段：接入阶段、内容阶段、应用阶段和服务阶段。

第九章 精细运营,高效复用每一字节流量

在接入阶段,即通过互联网把消费者、生产者和销售者联系在一起。从商业逻辑上来讲,即通过网站上的信息展示来实现商家与商家之间的联系,只要接入了互联网,商家就能够接触到更多的客户,获得更丰富的合作资源。

在内容阶段,逐渐形成了"内容为主、服务为辅"的形态。这一阶段,信息的展示更加丰富了,但整体上还是通过静态网站来实现内容的展示,用户获取内容的方式主要是通过搜索引擎来实现。也正因为如此,一时之间,搜索引擎成为事实上的互联网入口,涌现出了一大批搜索引擎类产品,如雅虎、搜狗、谷歌等。

这种通过搜索引擎实现内容聚合的机制,存在很明显的缺陷,一是用户分散,难以聚焦,内容作者与用户无法互动,也就难以建立起长期关系;二是信息流通成本较高,竞价排名让各大搜索引擎赚得盆满钵满的同时,也让内容找用户、用户找内容的成本增加了不少。此外,随着互联网内容的不断增加,在海量信息中实现内容找用户、用户找内容的难度也大大增加。

在应用阶段,除了各种各样的互联网网站,又出现了内容流型的社交网络,比如微博、QQ等。在这一阶段,"以内容为主,服务为辅"依然是主要形态,但与内容阶段不同的是,内容与服务的提供方式发生了改变,可以为用户提供多种信息块和信息流,内容发现机制也得以进化,出现了社交网络账号连接内容与服务的模式,内容发布者直面用户成为一种主流,搜索引擎不再是唯一的信息获取渠道,互联网的入口增加了。

从商业角度来说,应用阶段给互联网商业领域插上了"腾飞"的翅

膀，主要表现在以下4个方面：一是用户不再是分散的，社交网络的聚合作用使得用户聚焦成为可能，统一的账号体系，让用户与内容发布者可以建立起长期持续的互动关系；二是彻底改变了静态网站呈现内容的方式，信息流、动态内容的呈现显然更能吸引大众的注意力；三是社交网络的发展使得用户成为互联网商业的中心，为企业的营销策略指明了方向；四是内容的可持续主动推送，使得内容提供者避免被遗忘成为可能，也可以大大节省用户获取内容的时间和精力。

尽管应用阶段的互联网弥补了以往互联网发展的不少缺陷，但实际上也并不完美，比如交互不足、信息块缺失导致的网页跳转等。

随着互联网的不断发展，短视频、直播等在线即时通信工具得以快速发展，使得互联网上人与人的"交互"变得更加方便、快捷、高效，互联网发展进入服务阶段。

在服务阶段，用户在意的是自己的个性化需求、良好体验需求、分享需要等是否得到了满足。正如凯文·凯利所说，"一切产品都会变成服务，变成一种流"。

用户面对的是海量的信息，如何让用户在众多的信息中看到你、记住你、经常观看你，就成了需要解决的关键问题。在这样的大背景下，只有突出自己的特色，进行个性化运营，才能有光明的未来。